Méthode

DE

Lecture et de Langage

A L'USAGE

des élèves indigènes et étrangers des Colonies françaises.

PAR

L. MACHUEL

Deuxième Livret

Nouvelle édition illustrée (17e)

Librairie Armand Colin
5, rue de Mézières, Paris.

MÉTHODE

DE

LECTURE ET DE LANGAGE

A L'USAGE

des Élèves indigènes et étrangers des Colonies françaises

PAR

L. MACHUEL

Inspecteur général de l'Instruction publique,
Directeur de l'Enseignement public en Tunisie.

LECTURE, ÉLÉMENTS DU LANGAGE

DEUXIÈME LIVRET

ILLUSTRÉ DE 130 GRAVURES

NOUVELLE ÉDITION (17e)

PARIS
LIBRAIRIE ARMAND COLIN
5, RUE DE MÉZIÈRES, 5
1901

A LA MÊME LIBRAIRIE

MÉTHODE MACHUEL

Méthode de Lecture et de Langage, *à l'usage des élèves indigènes et étrangers des Colonies françaises,* par M. L. Machuel, inspecteur général de l'Université, directeur de l'Enseignement public en Tunisie :

Premier Livret. Un vol. in-12, cartonné........................	» 75
Deuxième Livret. Un vol. in-12, cartonné........................	» 90
Troisième Livret. Un vol. in-12, cartonné........................	1 50
Deux tableaux in-folio. Chaque tableau, en feuille..............	1 50
Chaque tableau, collé sur toile avec gorge et rouleau...........	6 »
Les 2 tableaux collés aux deux faces d'un carton bordé.........	6 »

Leçons de Langage *aux élèves indigènes* qui fréquentent les écoles françaises de nos Colonies, par M. L. Machuel. Un volume in-12, cartonné.. » **90**

Coulommiers. — Imp. Paul BRODARD. — 770-1901.

AVERTISSEMENT

Les principes de lecture renfermés dans ce deuxième livret concernent les mots que nous avons classés dans les 6e, 7e, 8e et 9e catégories (voir la préface du premier livret).

Les phrases qui servent d'application à chacun des tableaux de ce volume sont nécessairement plus variées que celles du premier livret. Les mots devenant de plus en plus nombreux, il était plus facile de composer des phrases de toutes sortes et de leur donner même une forme dialoguée.

Nous insistons de nouveau sur la nécessité de faire *apprendre de mémoire tous les exercices qui suivent les tableaux*, et principalement les textes donnés comme modèles de lecture courante. Il ne suffit pas en effet d'enseigner aux élèves étrangers, pour lesquels cette méthode a été spécialement rédigée, le mécanisme de la lecture ; il faut aussi leur apprendre les éléments du langage, qui comprennent l'étude des mots les plus pratiques de notre langue, et l'emploi de ces mots dans de petites phrases d'une construction facile.

Les fables et les anecdotes placées à la fin de ce volume ont été accompagnées de spécimens d'exercices que le maître devra faire faire de vive voix[1].

1. Dans cette nouvelle édition nous avons supprimé quelques textes qui étaient trop longs et trop difficiles et modifié quelque peu les exercices. Nous avons également supprimé les proverbes pour les reporter dans le 3e livret.

Ces exercices, qui peuvent être du reste variés à l'infini, ont l'avantage d'obliger l'étudiant à se servir des connaissances qu'il a déjà acquises, et de donner à l'enseignement plus de vie, et par suite plus d'attrait. Nous ne saurions trop les recommander aux maîtres, car nous avons eu bien souvent l'occasion de constater les heureux résultats qu'ils permettaient d'obtenir.

Lorsque les élèves auront appris avec soin ce deuxième livret, ils pourront aborder sans difficulté notre livre de lecture courante (3e livret), dans lequel ils trouveront un grand nombre de textes sur toutes sortes de sujets, ainsi que les premiers principes de la grammaire française. Après avoir étudié ce troisième ouvrage, ils seront, croyons-nous, à même de se servir de tous les livres qu'on met en France entre les mains des élèves de nos écoles primaires.

6^{E} CATÉGORIE DE MOTS

c suivi de *e* ou de *i* se prononce *s*.
ç avec une cédille se prononce *s*.
g suivi de *e* ou de *i* se prononce *j*.
g suivi de *u* se prononce toujours *g*.

(Le maître fera faire de nombreux exercices au tableau en se servant de lettres mobiles.)

EXERCICES

ce ci cin cé çoi çon çons
çu çou ça çan çant ge
gé gi gin geon gue gué
guin gea geant geo guo
gui

MOTS ISOLÉS

1 Le garçon 2 la source 3 la
nièce 4 la place 5 la glace 6 la
balance 7 le médecin 8 le cime-
tière 9 la puce 10 la racine 11 le

citron 12 le pouce 13 le maçon 14 la grimace 15 la scie.

16 Ce rivage 17 la cage 18 ce nuage 19 le courage 20 le mariage 21 le village 22 la nage 23 l'étage

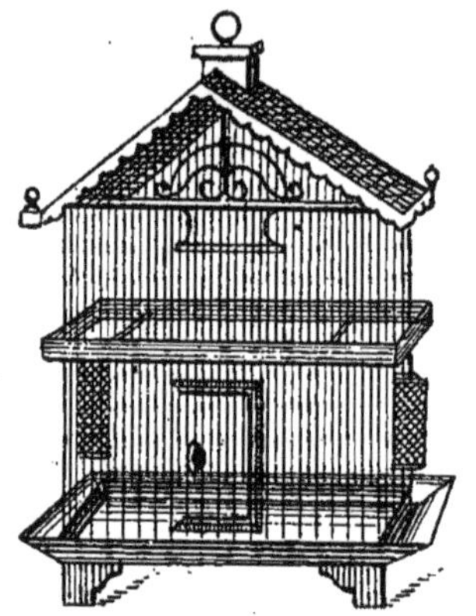

Une cage.

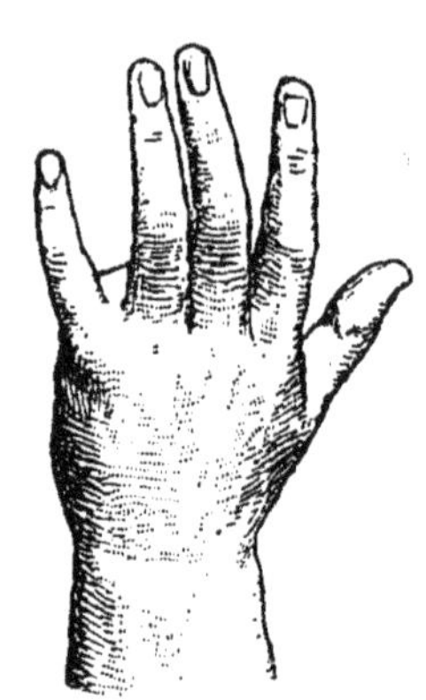

Les doigts de la main.

24 le fromage 25 l'orge 26 la gorge 27 la forge 28 le forgeron 29 l'horloge 30 le juge 31 l'étagère 32 le collège 33 le liège 34 l'orange 35 le singe 36 ce pigeon 37 la boulangerie 38 la langue 39 la figue 40 la fatigue. — 41 Sage 42 large 43 douce 44 mince 45 légère 46 rouge 47 facile 48 difficile 49 âgé 50 fatigué.

51 Il a menacé 52 il a pincé 53 il a nagé 54 je nage 55 tu nages 56 il nage 57 nous nageons 58 ils nagent 59 je prononce 60 tu prononces 61 il prononce 62 nous prononçons 63 ils prononcent. — 64 J'avance 65 tu avances 66 il avance 67 nous avançons 68 ils avancent. — 69 Je partage 70 nous partageons. — 71 Tu agis 72 nous agissons. — 73 Je lance 74 nous lançons. — 75 Tu égorges 76 nous égorgeons. — 77 Je pince 78 nous pinçons. — 79 Je trace 80 nous traçons.

ÉCRITURE

A. U. E. Avance. Ami. Un garçon. Ecoute la leçon.

PHRASES DÉTACHÉES

(1)

La France. — La grande France. — Nous chérissons tous

la France. — Nous admirons la France. — La France nous protège. — La France nous regarde. — Vive la France! — Vive la langue de la France!

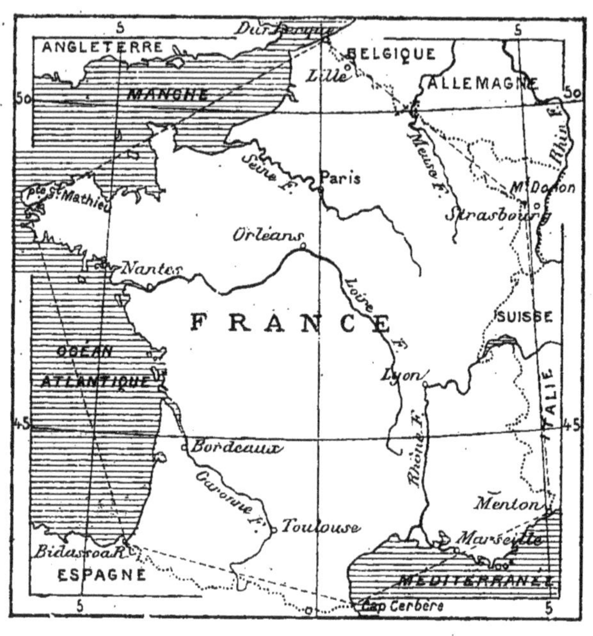

Une carte de France.

Une jolie langue. — Une langue facile. — Une langue difficile. — Une langue riche. — Votre langue ne m'a pas paru difficile. — Ce langage m'a paru difficile. — Votre langage lui a paru facile. — Voici une leçon facile. — J'écoute la leçon qui m'a paru difficile. — Un mot facile. — Ce mot m'a paru difficile. — Nous avons appris ce mot à l'école. — Où as-tu appris ce mot? — Nous l'avons appris dans la rue. — L'élève a oublié ce mot. — Je prononce mal ce mot. — Prononce le mot que tu as appris ce matin, et qui t'a paru difficile. — Tu ne le prononces pas mal. — Répète-le. — Répète ce mot. — Mon garçon, répète vite ce mot. — Ce garçon n'a pas su lire ce mot. — Ce garçon m'a paru triste. — Le médecin m'a paru très triste. — Voilà le médecin qui m'a paru âgé. — Voici l'homme qui m'a paru âgé. —

Votre mère nous a paru âgée. — Êtes-vous âgés? — Nous ne sommes pas âgés; nous n'avons que cinquante ans. — Votre père, votre mère, votre oncle sont-ils âgés? — Ils ne sont pas très âgés : mon père a cinquante-cinq ans, ma mère cinquante ans, mon oncle quarante-cinq ans. — Dis-moi ton âge, mon garçon. — Je suis âgé de quinze ans. — Dis-moi l'âge de ton petit frère. — Mon frère n'a que cinq ans. — Ce médecin m'a plu. — Ce langage m'a plu. — Votre garçon nous a plu. — La leçon de langage nous a plu. — La leçon de lecture a plu à l'élève. — La leçon de calcul ne lui a pas plu. — Le mot que tu as prononcé ne m'a pas plu.

— Le mot que nous avons appris ce matin nous a paru très difficile : il ne nous a pas plu. — Le mot que nous avons lu ce soir nous a plu à tous ; ce mot le voici : La France. — Ce mot, nous ne l'oublions pas ; nous le prononcerons toujours, car la France nous protège, la France nous chérit. — Dites tous avant de finir la leçon : vive la France !

ÉCRITURE

L. F. La France nous protège : vive la France !

(2)

Je mange. — Que manges-tu? — Je mange du fromage. — Qui t'a donné ce fromage? — Ma mère me l'a donné. — Ce garçon mange une orange. — Qui la lui a donnée? — Qui t'a donné une orange? — Mon frère m'a donné une orange, une figue, une pomme, une poire. — Mange la figue. — Ne mange pas la poire. — Nous mangeons chaque soir une orange avant de dormir. — Ne sors pas

Un garçon mangeant une orange.

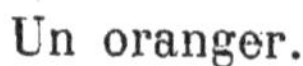

Un oranger.

Une figue.

le matin sans avoir mangé. — Tu ne dois pas dormir après

avoir mangé. — Nous ne voulons pas boire sans avoir mangé. — Avant de partir, mange une orange ou une pomme.

Je partage. — Que partages-tu? — Ne partage pas. — Qui a partagé l'orange? — Pourquoi as-tu partagé la pêche? — Partage la figue ou l'orange. — Donne-nous la banane après l'avoir partagée. — Dites à vos amis que nous vous donnerons nos oranges si vous êtes sages. — Sois sage, ta mère te donnera une grosse orange. — Si je suis sage, me donneras-tu une grosse figue? — Oui, mon ami. — Vive notre bonne mère qui nous chérit tant! — Vive notre mère qui nous protège quand nous sommes petits! —

Il a égorgé un mouton. — Qui a égorgé ma poule blanche? — Pourquoi as-tu égorgé ce lapin? — La brebis que nous

Un pigeon.

avons égorgée est grasse. — Mon père a pris le pigeon dans le jardin, il l'a égorgé. — Pourquoi a-t-il égorgé ce pigeon? — Il l'a égorgé pour que je le mange ce soir. — Quand l'a-t-il égorgé? — Il l'a égorgé ce matin. — Égorge ce coq, ton père le mangera. — Ne l'égorge pas devant moi. — N'égorge pas devant nous ce joli pigeon blanc. — Vous êtes tous méchants : pourquoi avoir égorgé ce joli pigeon?

ÉCRITURE

R. M. N. Ne mange pas vite. Recommence. Maçon.

(3)

Va dire à notre médecin de venir me voir. — Je suis malade. — Qu'as-tu? — As-tu toujours mal à la gorge? — Voici le médecin. — Voici mon oncle qui a la fièvre; il a mal à la gorge. — Depuis quand a-t-il mal à la gorge? — Depuis ce matin. — Qu'a-t-il bu? — Il n'a pas pu boire. — Qu'a-t-il mangé? — Il a mangé une petite orange. — As-tu un citron ici? — Voici

Médecin regardant la gorge d'un enfant.

un citron. — Partage-le; donne la moitié de ce citron à ton oncle. — Suce le jus de ce

Un citron.

citron, tu seras vite guéri. — Pour guérir du mal de gorge, tu dois boire toute la journée du jus de citron. — Si tu bois toute la nuit du jus de citron, tu seras vite guéri du mal de gorge. — Quand on a mal à la gorge on doit boire du jus de citron. — Suce ce citron : si tu as mal à la gorge, tu guériras vite. — Mange la moitié de ce melon. — Il a pris la moitié de notre orange. — Pourquoi as-tu pris la moitié de la figue de ce garçon? — Nous n'avons pas pris la moitié du mouton que votre père a égorgé. — Voici la moitié de notre fromage; mange-la. — Voici la moitié du poisson que nous avons acheté.

Ceci. — Cela. — Qui a pris ceci? — Qui a dit cela? — Qui t'a donné ce livre? — Mon père m'a donné celui-ci. — Mon oncle m'a donné celui-là. — Le roi m'a donné ceci. — Qui a écrit ce mot sur le mur? — Mon frère a écrit celui-ci; mon ami a écrit celui-là. — Écris ceci sur le livre. — Qui a coupé ceci? — Qui a cassé cela? — Lis ce mot-ci. — Lis celui-là. — N'écris pas cela sur la table. — Écris ceci : Vive la France!

Dors ici. — Sors d'ici. —

Pars d'ici avant le jour. — Partage ici la viande du mouton que tu as égorgé ce matin. — Répète ici, devant nous, le mot que ce garçon a prononcé dans la rue. — Achète ici, sur le marché, de grosses oranges et de grosses figues. — Lave ici, dans la rivière, les habits que tu as salis. — Cache ici, dans l'armoire, la moitié du fromage que tu as acheté. — Lis ici ta leçon. — Joue ici dans le jardin.

ÉCRITURE

T. B. S. Tunis. Bône. Suez.

(4)

J'agis comme toi. — Il a agi comme vous. — Nous avons agi comme lui. — Tu as agi comme nous. — Tu as mal agi. — Tu n'agis pas mal. — N'agis pas comme lui. — Ce garçon agit mal. — Nous n'agissons pas mal comme vous. — Il m'a plu parce qu'il n'a pas mal agi. — Si tu agis mal, tu seras puni. — Quand votre garçon agira mal, nous le punirons. — Nous te punissons parce que tu as très mal agi. — Tu ne dois pas mal agir. — On ne doit pas mal agir. — Celui qui agira mal sera puni. — Voici le garçon qui a si mal agi. — Vous êtes punis pour avoir mal agi. — Tu as tort de mal agir. — Nous avons tort d'agir comme cela. — On a toujours tort d'agir comme nous avons agi.

Je réfléchis. — Nous réfléchissons. — Pourquoi ne réfléchis-tu pas? — As-tu réfléchi à ce que tu as dit? — Tu dois réfléchir avant d'agir. — L'homme doit toujours réfléchir avant d'agir. — Quand on agit sans réfléchir, on a tort. — On a tort de ne pas réfléchir avant d'agir. — Réfléchis toujours, mon garçon, avant d'agir. — Si tu réfléchis avant d'agir, tu ne seras pas puni. — Tu écris sans réfléchir. — Réfléchis, lorsque tu as à écrire un mot difficile. — Lorsqu'on a à écrire un mot difficile, on doit toujours réfléchir. — Pourquoi m'as-tu puni? — Parce que tu as écrit ce mot sans réfléchir. — Tu lis sans réfléchir. — Il a l'habitude d'agir sans réfléchir. — Nous avons l'habitude de toujours réfléchir avant d'agir. — Il a pris l'habitude de punir l'élève qui ne réfléchit pas.

Un homme doux. — Une parole douce. — Une orange douce. — Une mule douce. — Un matelas doux. — Un citron doux. — Une robe légère. — Une barque légère. — Une voiture légère. — Une parole légère. — Il nous a dit, sans réfléchir, une parole légère. — Réfléchis lorsque tu parles pour ne pas dire une parole légère. — Tu as prononcé devant lui une parole légère. — Nous avons mangé une orange douce. — Vos oranges ne sont pas douces. — Vos citrons sont-ils doux? — Nous sommes partis la nuit passée dans la voiture légère de votre ami. — Nous partirons ce soir dans la barque légère que les marins ont amenée sous le pont. — Les robes de soie sont toujours légères.

ÉCRITURE

D. Z. Ch. Dijon. Chine. Zéro.

7e CATÉGORIE DE MOTS

e suivi de deux consonnes se prononce *è*.
s entre deux voyelles se prononce *z*.

Le maître exercera les élèves au tableau à l'aide de lettres mobiles.)

EXERCICES

este erte ecto erbe erre
elle erle esca espa ecti
esse erci ette erdu enne
erge erce ervi erf erd
ise isa iso isi isoi ose
osa osi osan osoi ase asi
asoi asin asou èse ési
éso éson ousin ousi isan
esé ouse use usa isé oise
oison oisi usi ison

MOTS ISOLES

1 Verte 2 vert 3 vers 4 la verdure 5 la lecture 6 la terre 7 le dessin 8 l'herbe 9 le tonnerre 10 la pelle 11 la selle 12 une hirondelle 13 la chandelle 14 une gazelle 15 la perle

Une pelle. Une selle. Une lanterne.

16 la servante 17 la citerne 18 la veste 19 la lanterne 20 une ânesse 21 la paresse 22 la serviette 23 une assiette 24 la pincette 25 une alouette 26 une allumette 27 la chienne 28 la terrasse 29 la serrure 30 le couvercle 31 la perdrix 32 un escargot 33 un estomac 34 le domestique. — 35 Du sel 36 du fer 37 le ciel 38 le miel 39 l'hiver

40 l'est 41 l'ouest 42 le ver. — 43 Sec 44 sèche 45 fier 46 fière 47 cher 48 chère 49 amer 50 amère. — 51 Hier 52 avant-hier 53 avec. — 54 Ce 55 cet 56 cette 57 cet homme 58 cette femme 59 cet

Un escargot.

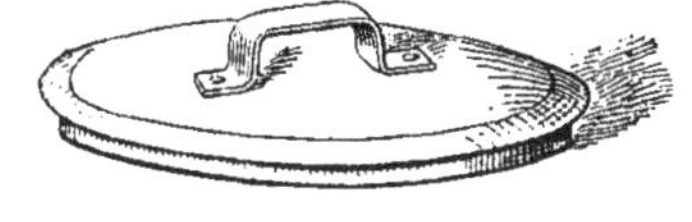

Un couvercle.

âne. — 60 Une rose 61 cette cerise 62 cette noisette 63 de la tisane 64 dans la cuisine 65 mon fusil 66 ton magasin 67 son cousin 68 notre ardoise 69 votre épouse 70 ma cousine 71 ta croisée 72 sa prison 73 la musique. — 74 Désobéissant 75 il a désobéi 76 il a pesé 77 il pèsera 78 pèse. — 79 Je m'amuse 80 tu t'amuses 81 il s'amuse 82 nous nous amusons 83 ils s'amusent. — 84 J'accuse 85 nous accusons 86 accuse. — 87 J'ose 88 nous osons 89 elle ose 90 ose-t-elle? 91 Je n'ose pas. — 92 J'arrose 93 nous arrosons. — 94 Je pose 95 que poses-tu là? — 96 Je me repose 97 nous nous reposons 98 repose-toi 99 elle se repose.

ÉCRITURE

K. C. Qu. Kilomètre. Quintal. Coran.

PHRASES DÉTACHÉES

(1)

Des. Les. Ces. Mes, tes, ses, tu es, il est.

Je suis, tu es, il est, elle est, nous sommes, vous êtes, ils sont.

Je suis grand	Je suis grande
Tu es grand	Tu es grande
Il est grand	Elle est grande
Nous sommes grands	Nous sommes grandes
Vous êtes grands	Vous êtes grandes
Ils sont grands	Elles sont grandes

Je suis doux. — Je suis douce. — Suis-je adroit? — Suis-je adroite? — Je ne suis pas méchant. — Je ne suis pas adroite. — Tu es bon, tu es bonne. — Es-tu solide? — Es-tu propre? — Tu n'es pas utile. — Tu n'es pas noire. — Il est pâle. — Elle est jolie. — Est-elle jolie? — Est-il adroit? — Pourquoi n'est-il pas blanc? — Pourquoi n'est-elle pas riche? — Nous sommes habiles. — Nous ne sommes pas instruits. — Sommes-nous propres? — Vous n'êtes pas habiles. — Êtes-vous adroites? — Ils ne sont pas longs. — Elles ne sont pas longues. — Pourquoi ne sont-elles pas douces? — Les vaches sont utiles. — Les carafes sont vides. — Les remèdes sont inutiles. — Les malades sont pâles et tristes. — La farine est blanche et le charbon est noir. — La voile de la chaloupe est blanche. — Les murs de votre jardin sont blancs. — La nuit est longue. — Les nuits sont longues pour les malades. — La viande est rouge. — Il y a des poissons rouges et des poissons blancs. — Il y a des poules blanches et des poules noires. — Votre calotte est rouge ; celle de mon frère est grise. — Ce pantalon est gris. — Cette robe est grise. — Cette chemise est blanche ; celle de mon père est grise. — Ces habits sont longs. — Les roues de la voiture sont rondes. — La vie de l'homme est longue. — La vie du chat est courte. — La leçon est facile. — Cette page est difficile à lire. — Ces garçons ne sont pas sages.

ÉCRITURE

J. V. P. Jean. Valence. Paris.

(2)

Une balance juste. — Le poids de la balance. — Votre balance n'est pas juste. — Il a mis le poids dans la balance. — Mets ce poids dans la balance. — Il a pesé la viande dans cette balance qui n'est pas juste. — Je pèse la marchandise dans cette balance. — Pèse dans cette balance la marchandise que nous avons achetée. — Ta balance est-elle juste? — Elle ne m'a pas paru juste. — Mets ce poids dans la balance et pèse cette marchandise. — Pèse-moi un kilo de sucre. — Nous pesons tout dans cette balance qui est très juste. — Je mets un kilo de café dans la balance : pèse toi-même. — Je pose, tu poses, il pose, nous posons, ils posent. — Que poses-tu là? — Qu'as-tu posé dans la balance? — Ne pose pas ce poids dans la balance. — Pose tes habits de ce côté. — Pose-les à côté de ma table. — Nous ne posons pas nos livres sur votre table parce

Une balance.

qu'elle n'est pas propre. — Nous avons posé sur votre table un kilo de sucre que nous avons pesé dans cette petite balance. — Pose la moitié de ce fromage dans la balance et pèse-la. — Que pèse-t-elle ? — Cette moitié pèse un kilo; celle-ci pèse un demi-kilo ou une livre. — Donne-moi un demi-kilo de sucre. — L'as-tu pesé ? — Non, je ne pèse pas le sucre dans cette balance, parce qu'elle n'est pas solide.

Un grand magasin. — Un magasin très vaste. — Ce marchand a un très grand magasin dans cette rue. — Le magasin de mon cousin est très vaste. — Mon cousin a des marchandises chères dans son magasin. — Où est le magasin de votre cousin ? — Il est dans la rue qui est près du pont. — Qu'a-t-il dans ce magasin ? — Il a des marchandises de toutes les espèces. — Il a toute espèce de marchandises. — Nous avons toute espèce de marchandises chères dans notre magasin. — Nous pesons les marchandises chères dans cette petite balance de cuivre. — Nous posons toujours notre marchandise sur la table. — Il a acheté dans ce magasin une robe riche et chère pour ma mère. — Nous avons acheté, dans la boutique de ce marchand, les pommes, les poires, les oranges et les figues que tu as vues sur notre table. — Les oranges et les citrons sont-ils chers ?

ÉCRITURE

P. G. J. Perse. Gabès. Inde.

(3)

Avec moi. — Avec toi. — Avec lui. — Avec elle. — Avec nous. — Avec vous. — Chez moi. — Chez elle. — Chez cette marchande. — Chez vous. — Chez ces voisins. — Avec notre voisin. — Chez notre voisine. — Avec votre petite balance.

— Avec ton cousin. — Avec ce fusil. — Avec le fusil de ton voisin. — Avec mon petit fusil. — Avec la servante de notre voisine. — Avec ton domestique. — Chez le domestique de mon père. — Je suis sorti ce matin avec le domestique de mon père. — Nous sommes allés chez notre voisin. — Notre voisin est venu avec nous dans notre jardin. — Le domestique a porté nos fusils. — Nous avons tué, dans notre jardin, des pigeons avec nos petits fusils. — Ces fusils sont très bons. — Ce sont des fusils que nous avons achetés très cher, l'année passée, lorsque nous sommes allés à la ville. — Ce sont des fusils très solides.

Un fusil.

Où est la servante? — La servante est allée ce matin à la ville et n'est pas revenue. — La servante a-t-elle

Paris. — Chromotyp. E. Capiomont, rue Mazarine, 35.

acheté les marchandises? — Elle les a achetées. — Chez qui les a-t-elle prises? — Elle les a prises chez notre marchand. — Pourquoi ne les a-t-elle pas prises chez nos voisins? — Tu ne protèges pas tes voisins. — Tu as tort d'agir comme cela, car nos voisins sont bons pour nous. — La servante est-elle revenue du marché? — Non, madame, elle n'est pas revenue. — Votre domestique est-il revenu du jardin? — Oui, madame, il est revenu à midi. — Qu'a-t-il apporté du jardin? — Il a apporté des légumes et des fruits. — Voici la servante qui est revenue de la ville. — Où est-elle? — Elle est ici. — Dites-lui de venir. — Qu'a-t-elle acheté? — Elle a acheté toutes sortes de légumes

Une servante revenant du marché.

et de fruits. — Montre-moi ces légumes et ces fruits. — Les voici. — Que pèse ce melon ? — Ce melon pèse un kilo et demi. — Que pèsent ces poires? — Ces poires pèsent une demi-livre. — Que pèse ce sac de farine? — Il pèse cinquante-cinq kilos. — Pose-le derrière la porte de la cuisine. — Porte dans la cuisine ces fruits et ces légumes.

ÉCRITURE

O. H. X. Orange. Hoche. Le Havre.

(4)

Je me repose sur mon lit lorsque je suis fatigué. — Je me repose chez nos voisins, le soir, quand ils ont fermé le magasin. — Chez qui te reposes-tu quand tu arrives à la ville? — Je me repose dans un café. — Pourquoi ne te reposes-tu pas chez notre cousin? — Votre cousin s'est-il reposé chez vous? — Chez qui se repose-t-il quand il est fatigué? — Nous nous reposons toujours à midi. — Les hommes se reposent toujours à midi pour ne pas être trop fatigués à la fin de la journée. — A la fin de la journée les servantes et les domestiques sont très fatigués et se reposent. — Je m'amuse tous les jours avec mon cousin.

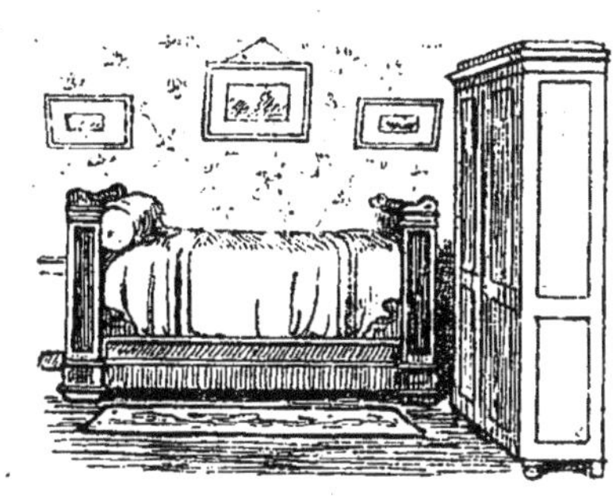

Un lit.

— Mon cousin s'amuse chaque matin avec moi. — Nous nous amusons tous devant l'école. — Les élèves s'amusent tous dans le jardin qui est derrière l'école. — Avec qui t'amuses-tu dans la rue? — Je ne m'amuse pas, mon père, je lis un livre. — Amuse-toi dans le jardin avec tes cousins. — Ne t'amuse pas avec des pierres. — Ne jette pas des pierres. — Si tu jettes des pierres lorsque tu t'amuses, tu seras puni. — Le soir, lorsque nous sommes fatigués, nous nous reposons tous dans le magasin de notre voisin, le marchand de légumes et de fruits, et nous nous amusons. — Lorsque tu te seras amusé, repose-toi. — Un élève obéissant. — Une servante obéissante. — Un domestique désobéissant. — Cet élève est très obéissant. — Votre garçon est toujours désobéissant. — Pourquoi votre père a-t-il puni nos cousins ? — Il les a punis parce qu'ils sont toujours désobéissants. — Lorsque les domestiques sont désobéissants on les punit. — Mon ami, tu dois toujours être obéissant. — On a toujours tort de désobéir à son père. — Tu ne dois pas désobéir à ta mère qui te chérit et qui te protège. — Lorsqu'un homme nous protège comme un père, nous ne devons pas lui désobéir. — Il est triste de voir un garçon désobéir à son père ou à sa mère. — Il est triste de voir un malade désobéir à son médecin et ne pas boire les remèdes qu'il lui donne. — Tu as désobéi à ton père et à ta mère : tu seras puni et tu ne t'amuseras pas avec tes camarades. — Il est triste de voir un garçon de ton âge désobéir à tout le monde.

ÉCRITURE

Les élèves désobéissants seront toujours punis. Y.

(5)

Un époux. — Une épouse. — Un homme jaloux. — Une servante jalouse. — Pourquoi est-il jaloux de son frère? — Tu ne dois pas être jaloux de ton cousin. — Un bon garçon ne doit pas être jaloux de ses camarades. — Cette marchande est jalouse de voir tout le monde dans notre magasin. — On a toujours tort d'être jaloux de ses amis.

Quelqu'un. — Quelqu'un m'a dit

cela. — Quelqu'un est venu me voir chez moi. — Quelqu'un m'a raconté cette nouvelle. — Quelqu'un nous a donné cela hier. — Quelqu'un s'est reposé chez moi hier. — Quelqu'un s'est amusé avec toi avant-hier. — Qui as–tu vu chez lui hier? — Il a vu quelqu'un dans la rue avec lui. — Nous t'avons vu dans le magasin de cette marchande avec quelqu'un. — Tu es sorti de ton magasin avec quelqu'un. — Quel homme as-tu vu? — Quel livre as-tu acheté? — Avec quel poids as-tu pesé? — Dans quelle balance la marchande a-t-elle pesé le sucre? — Quels sont les livres que vos cousins ont achetés? — Quelles sont les oranges que votre domestique a apportées?

Quelques hommes. — Quelques amandes. — Nous avons vu quelques lapins dans le bois. — Nous avons acheté quelques légumes chez cette marchande. — Votre épouse a acheté quelques poules et quelques pigeons hier soir.

Personne n'est venu. — Personne ne m'a vu. — Personne n'a ouvert la porte. — Personne n'a pris de livre dans l'armoire. — Qui est sorti du jardin? — Personne. — Qui a ouvert la porte? — Personne ne l'a ouverte. — Qui a dit ces paroles? — Nous ne savons pas; personne ne les a dites devant nous. — Personne n'est sorti de chez nous pendant la nuit. — Personne ne nous a raconté cette nouvelle.

ÉCRITURE

Un bon garçon ne doit pas être jaloux de ses camarades.

(6)

Qui a frappé à la porte? — Personne n'a frappé. — Qui est là? — Y a-t-il quelqu'un chez moi? — Il n'y a personne. — Qui a mis ce fusil sur ma table? — Est-ce toi? — Non, mon ami, ce n'est pas moi. — Est-ce toi, mon père, qui as mis le fusil à cette place? — Oui, c'est moi. — C'est lui qui a dit cela. — C'est nous qui avons dormi dans le magasin hier. — C'est elle qui a raconté à votre cousine cette triste nouvelle. — Il est venu quelquefois me voir le mois dernier. — Il nous a écrit quelques lettres pour nous instruire de cela. — Il m'a dit quelques mots pour me prévenir. — Il sort quelquefois la nuit. — Lorsqu'il va à la ville, il achète quelquefois des marchandises chez cet homme. — Quelquefois il reste trois ou quatre jours chez nous. — Lorsque je suis chez mon oncle, le marchand, c'est moi qui pèse quelquefois la marchandise. — Vas-tu quelquefois à la ville avec ton domestique? — Je me promène quelquefois dans les rues de la ville avec mon domestique. — Nous montons quelquefois dans une barque, et nous nous promenons sur la rivière. — Nous nous sommes promenés avec lui sur la place.

Que cherches-tu là ? — Je cherche quelque chose. — Quelle chose cherchent-ils ? — Ils cherchent les livres

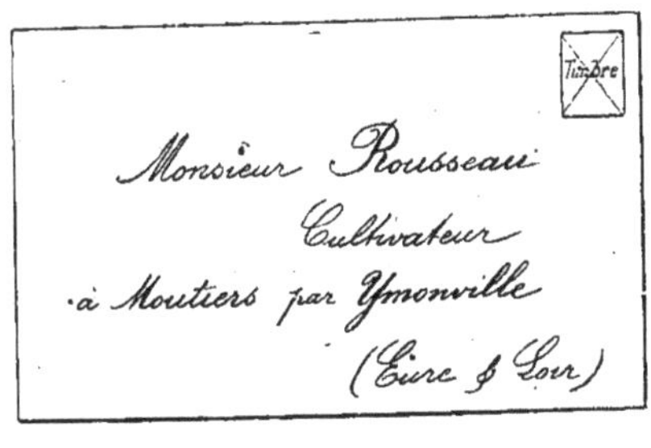

Une enveloppe.

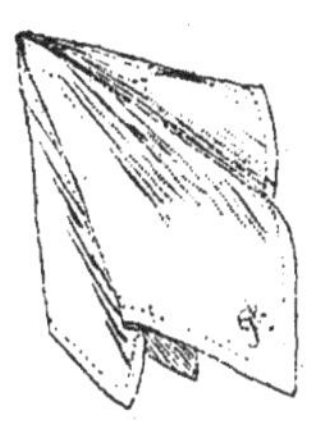
Un mouchoir.

qu'ils ont perdus hier. — Cherche la lettre que tu as perdue. — Où l'as-tu perdue ? — L'as-tu perdue dans la rue ou sur la place ? — Qu'as-tu perdu ? — Qu'a-t-elle perdu ? — Nous cherchons notre mouchoir que nous avons perdu hier lorsque nous sommes revenus de la ville. — Voici le mouchoir que vos cousins ont perdu : nous l'avons trouvé devant notre magasin lorsque nous l'avons ouvert ce matin.

ÉCRITURE

Le bon camarade ne se fâche pas quand il joue.

(7)

La servante a-t-elle préparé la table? — Non, madame, elle ne l'a pas préparée. — Dites à la servante, qui est à la cuisine, de venir me prévenir lorsqu'elle aura préparé la table. — Madame, la table est prête. — Madame, tout est prêt sur la table. — Tous les mets sont prêts. — Mon ami, nous pouvons nous mettre à table : tout est prêt. — Mange de ce melon qui est mûr. — Mange de ces légumes qui sont si bons. — Je ne mange pas de fruits. — Donne-moi du sel. — Donne-moi du poivre. — Change cette assiette. — Change cette fourchette. — Donne-moi une assiette propre. — Cette serviette n'est pas très propre : change-la. — Demande du sel à la servante : celui-ci n'est pas blanc. — Change ce poivre qui n'est pas bon.

Une table mise.

— Désires-tu de la salade? — Mets de la salade dans mon assiette. — Le domestique a mis trop de sel et de poivre dans cette salade. — Cette salade est verte. — Celle de mon jardin est très blanche. — Cette salade est amère. — Pourquoi manges-tu la salade avec tes doigts? —

Mange-la avec ta fourchette. — Change la fourchette qui est sale. — Désires-tu de la viande de mouton? — Accepte cette côtelette. — Désires-tu une tranche de gigot? — Ne mange pas vite. — Mange sans te dépêcher. — Désires-tu du miel? — Voici du miel que notre voisin nous a donné avant-hier. — Il a apporté ce miel de son jardin. — Il y a toujours du très bon miel chez lui. — Désires-tu du dessert? — Voilà de belles pommes, de belles poires, de jolis abricots, de bonnes oranges. — Donne-moi un citron doux. — Ce citron n'est pas doux. — Ce citron ne t'a pas paru doux parce que tu as mangé du miel. — Dites au domestique de me prévenir lorsque le café sera prêt. — Le café va être prêt.

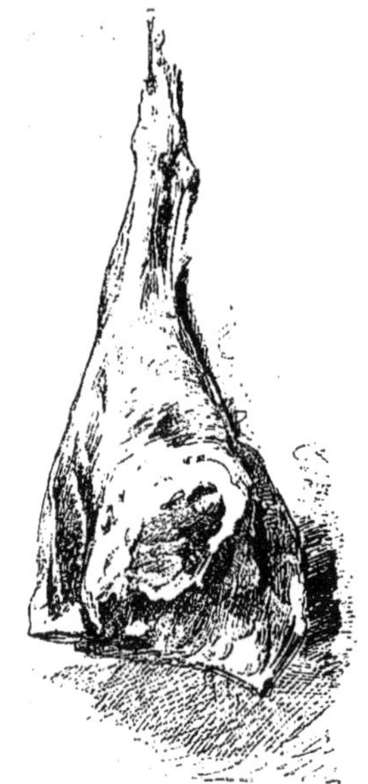

Un gigot.

— Prenons le café dans le jardin, sous la tonnelle. — Donne–nous du sucre.

— As–tu mis du sucre dans ton café? — Je mets toujours du sucre dans mon café. — Moi, je bois toujours le café sans sucre. — Je trouve le café sans sucre trop amer. — Accepte une troisième tasse de café. — S'il est froid, je ne l'accepte pas; je ne bois pas le café froid.

Une tonnelle.

ÉCRITURE

Le bon élève ne frappe pas ses camarades; il ne salit pas ses habits.

8e CATÉGORIE DE MOTS

gn se prononce *gne.*
ille mouillé.
t suivi de *i* se prononce *s* dans la plupart des mots.

EXERCICES

agne agni ogne ougne
igno igna ugne ognan
ogné ègne oigne oignan
ille aille ailla ailli eille
ouille eil ouillon aillou
ail ation otion ition

MOTS ISOLÉS

1 Un oignon 2 une ligne 3 un signe 4 une poignée 5 le rossignol 6 digne 7 borgne 8 ignorant 9 il saigne. — 10 La fille 11 la bille 12 la famille 13 la chenille 14 l'ai-

guille 15 une grille 16 le soleil 17 une oreille 18 la corbeille 19 la

Des oignons.

Une bille.

treille 20 l'oseille 21 l'abeille 22 la bouteille 23 il veille 24 il s'éveille 25 il brille 26 l'ail 27 la paille 28 la

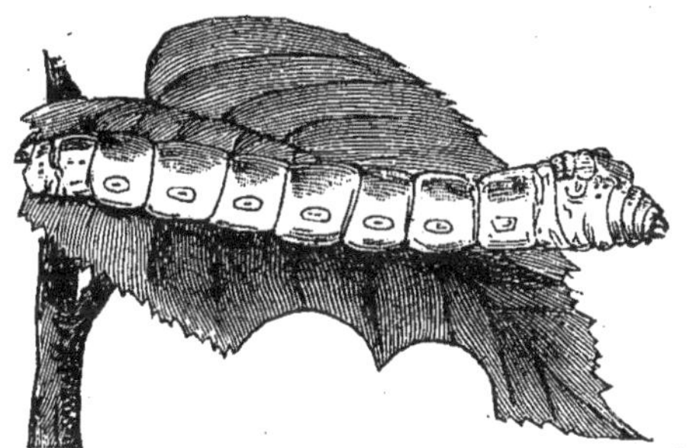

Une chenille.

caille 29 vos tenailles 30 un caillou 31 le brouillard 32 un vieillard 33 la paillasse 34 le bouillon 35 la cuillère 36 la grenouille 37 la rouille 38 le papillon 39 le sillon 40 il dépouille 41 il se mouille 42 une bataille.

43 Je gagne 44 tu gagnes 45 nous

gagnons. 46 J'épargne 47 nous épargnons. 48 Il m'a égratigné. 49 Il

Une corbeille. Une treille.

s'éloigne 50 nous nous éloignons. 51 Je témoigne 52 nous témoignons.

Une caille.

Une bouteille.

Une grenouille.

53 Une location 54 une action. —
55 la récitation 56 une condition
57 l'instruction 58 une explication
59 une interrogation 60 une punition
61 une potion 62 une fonction.

PHRASES DÉTACHÉES

(1)

Le soleil brille. — La lune brille dans le ciel. — Les étoiles brillent la nuit. — Ces étoiles sont brillantes. — Le ciel est couvert de nuages. — Nous avons vu des nuages dans le ciel. — La montagne est couverte de nuages. — La montagne est éloignée de la ville. — Les montagnes sont couvertes de nuages. — Nous ne sommes pas éloignés de la ville. — Mon village n'est pas éloigné de la ville. — Mon village est dans cette montagne qui vous a paru éloignée. — Nous ne pouvons pas voir notre village parce que la montagne est cachée par les nuages.

Montagne avec des nuages.

Votre petite fille est jolie. — Votre fille nous a plu parce qu'elle est polie. — Cette mère chérit sa fille parce qu'elle est polie avec tout le monde. — La fille de notre voisin est bonne. — Tout le monde admire cette fille qui chérit sa mère et protège ses frères. — Cette fille s'éveille chaque matin avant sa mère et prépare la nourriture pour tout le monde. — Lorsqu'elle a tout préparé, elle se met à coudre. — Elle raccommode le linge de la famille. — Elle raccommode les bas, les pantalons et les chemises de ses frères. — C'est elle qui taille les habits de la famille. — C'est cette fille qui raccommode le linge de son père et de sa mère.

Une fillette raccommodant.

— J'admire cette fille qui ne se repose que le soir. — C'est elle qui nourrit tout le monde par son travail. — Elle chante lorsqu'elle travaille devant sa croisée. — Lorsqu'elle est fatiguée de coudre, elle va à la rivière et lave le linge de sa famille. — Cette fille est digne d'admiration. — Les actions de votre fille sont dignes d'admiration. — Que le ciel la protège ! — Elle est digne de notre protection.

Je travaille avec mon voisin. — Chez qui travailles-tu ? — Pourquoi ne travailles-tu pas dans le jardin ? — Votre domestique travaille mal. — — Son travail ne m'a pas plu. — Si nous travaillons mal nous serons punis. — Les élèves qui travaillent mal ont des punitions. — Je donne des punitions à mes filles lorsqu'elles travaillent mal. — Pourquoi m'as-tu donné cette punition ? — Parce que tu travailles mal.

ÉCRITURE

On récompense les élèves qui travaillent.

(2)

Je gagne toujours lorsque je joue avec toi. — Tu gagnes quelquefois lorsque tu joues avec lui. — Celui qui joue avec lui perd toujours. — Nous gagnons chaque jour notre nourriture. — Que gagnent-ils par jour? — Ces domestiques gagnent trois francs par jour. — Mon père gagne dix francs par jour et moi je ne gagne que cinq francs. — Lorsque nous travaillons chez votre voisine nous gagnons chacun quatre francs par jour. — L'année passée nous sommes allés à la ville voisine; nous avons travaillé trois mois chez votre cousin et nous avons gagné chacun quatre-vingt-cinq francs par mois. — J'épargne chaque jour la moitié de ce que je gagne. — Si tu épargnes la moitié de ce que tu gagnes, tu seras vite riche. — L'homme est toujours riche quand il épargne une partie de ce qu'il gagne. — Épargne chaque mois une partie de ce que tu gagnes et tu seras vite riche. — L'homme qui travaille avec courage, qui épargne chaque année une partie de ce qu'il gagne, ne tarde pas à être riche. — Quand on épargne une partie de ce qu'on gagne, on arrive vite à la richesse.

La mère de notre voisin est vieille. — Votre tante est vieille. — Notre voisine est très vieille : elle est âgée de quatre-vingt-dix ans. — Notre oncle est un vieillard âgé de quatre-vingts ans. — Tout homme âgé de quatre-vingts ans est un vieillard. — On doit toujours croire les vieillards. — Mon garçon, protège et respecte les vieillards. — Les vieillards sont dignes de respect. — Ce vieillard est malade; sa fille le veille et le soigne. — Lorsqu'il s'éveille elle lui donne à boire, avec une cuillère, la potion que le médecin lui a ordonnée. — Quelle maladie a ce vieillard? — Il a mal à l'estomac et à la poitrine. — Il a mal à l'oreille. — Où est la potion qu'il doit boire? — Elle est dans cette petite bouteille qui est sur la croisée. — Soigne-le avec courage. — Veille auprès de lui toutes les nuits. — Donne-lui à boire de sa potion chaque fois qu'il s'éveille. — Ne parle pas lorsqu'il sommeille. — Donne-lui du bouillon s'il demande à boire. — J'admire le courage avec lequel tu soignes ta vieille mère malade.

Vieillard appuyé sur un bâton.

ÉCRITURE

Nous devons soigner notre père et notre mère.

(3)

La rouille ronge le fer. — Votre canif est couvert de rouille. — Pourquoi as-tu acheté ce fusil tout rouillé? — La poignée de ce sabre est en or. — La poignée de votre sabre est toute rouillée parce qu'elle est en fer. — Le fer se rouille lorsqu'on le mouille. — Ton canif s'est rouillé parce que tu l'as mouillé. — Essuie ton fusil qui est mouillé sinon il se rouillera. — Notre fusil est resté dehors à la pluie; il s'est mouillé et s'est rouillé. — Il s'est mouillé dans la rivière. — Nous avons mouillé nos habits dans la rivière. — Essuie mes habits qui sont tout mouillés. — La pluie mouille les habits.

Je me suis éloigné de lui. — Il s'est éloigné de moi. — Nous nous sommes éloignés de la ville. — Ne t'éloigne pas du village. — Promène-toi du côté de la montagne. — Ne t'éloigne pas. — Si tu t'éloignes, ton père se fâchera. — N'écoutons pas ce que ces hommes disent; éloignons-nous. — Ne restons pas sur la place; éloignons-nous, sinon la pluie mouillera nos habits.

Cet homme est savant, et celui-ci est ignorant. — Il y a des savants dans cette ville. — Tous les hommes de ce village sont ignorants; ils ne savent ni lire, ni écrire. — Les hommes de la France ont la réputation d'être tous instruits. — Quelques-uns sont de grands savants. — La France protège partout les savants. — On respecte partout les savants. — Mon garçon, ne reste pas ignorant si tu désires qu'on te respecte. — Travaille avec courage pour devenir savant. — Travaille avec courage pour t'instruire, car si tu restes ignorant tu ne gagneras pas ta vie. — La vie est courte pour l'ignorant; elle est toujours longue pour le savant. — Le savant demande toujours des explications lorsqu'il ignore une chose; l'ignorant croit toujours tout savoir. — Les savants donnent toujours de bonnes explications.

ÉCRITURE

Je travaille avec courage pour ne pas rester ignorant.

(4)

Mon père, mon frère, mon cousin et moi nous sommes éveillés de grand matin. — Nous sommes sortis de la ville avant le jour. — Mon cousin me dit, lorsque nous fûmes dehors : « Regarde les étoiles qui « brillent dans le ciel. — Les étoiles « du ciel sont jolies lorsqu'elles « brillent. — La lune brille plus que « les étoiles. — Que le ciel est joli « la nuit! » — Le soleil s'est levé lorsque nous étions dans la campagne.

— La campagne est belle le matin quand le soleil se lève. — Les montagnes voisines nous ont paru toutes rouges. — Le soleil nous a paru sortir de ces montagnes. — Mon

La campagne le matin, lever du soleil.

frère s'est arrêté sous un arbre et m'a dit : « Écoute le rossignol qui « chante dans les branches de cet « arbre. — Comme le rossignol « chante avec force! — Le rossignol « ne chante plus lorsque le soleil « brille. » — Le chant du rossignol nous a plu à tous. — Nous avons vu les papillons et les insectes sortir de leurs cachettes. — Les papillons sont rouges, roses, blancs, gris, noirs. — Nous avons admiré ces jolis papillons. — Mon cousin s'est arrêté devant un tas de paille et m'a dit : « Vois ce papillon tout « rouge posé « sur ce brin « de paille. « — Approche-toi de « lui sans « bruit et « attrape-le. » —Nous avons attrapé ce joli papillon avec nos doigts. — « Lâche « ce papillon que tu as attrapé, » me dit mon père. — « Vois ces abeilles « qui volent près de nous. — Elles « travaillent. — Les abeilles font le « miel. — Les habitations des abeilles « s'appellent des ruches. — Les

La chasse aux papillons.

« abeilles ne se reposent que le soir.
« Cet homme que nous apercevons « là-bas travaille depuis le matin : « il laboure sa terre. — Sa charrue « trace les sillons. — On laboure la

Ruches avec abeilles volant.

Chevaux traînant une charrue.

« terre avec des charrues et les « lignes que font les charrues s'ap- « pellent des sillons. — C'est un « cheval qui tire la charrue de cet « homme. — Les vaches tirent quel- « quefois la charrue avec force. — « L'homme qui travaille là-bas est « fatigué; il est tout mouillé de « transpiration. — Il est mouillé

« parce qu'il travaille avec courage;
« il ne s'amuse pas, il ne se repose
« pas. — Quand nous serons de
« retour à la ville nous travaillerons
« avec courage comme cet homme,

Le bûcheron dans la forêt.

« comme l'abeille, commc le bûche-
« ron que nous allons voir dans la
« forêt voisine. » — Voilà les paroles que notre père nous a dites. — Nous l'avons écouté pour retenir ce qu'il a dit. — Nous avons trouvé le bûcheron dans la forêt assis sur un tronc d'arbre. — Mon père lui parla

avec bonté et lui dit : « Tu te « reposes; tu es sans doute fatigué « car tu travailles toujours avec cou- « rage. — Oui, répondit-il, je me « repose, car je suis très fatigué. « — Nous avons coupé ce matin « trois arbres, mon voisin et moi; « nous avons taillé les branches avec « nos cognées; nous allons les mettre « sur cette voiture et nous les porte- « rons à la ville. — Nous gagnerons, « de cette façon, de quoi nourrir « notre famille. » — « La situation de ces hommes est triste, nous dit notre père. — Ils travaillent toute la journée et ils ne gagnent pas tou- jours une somme suffisante pour nourrir leur famille. — J'admire ces bûcherons qui travaillent avec courage depuis le matin jusqu'à la nuit; qui taillent les petites et les grosses branches avec leurs cognées et qui les portent sur le dos jusqu'à la ville. — Ces bûcherons sont dignes d'admiration; ils méritent qu'on les protège. » — Après les avoir quittés, nous sommes revenus tous les quatre à la ville.

ÉCRITURE

Les abeilles nous donnent du miel et de la cire.

9e CATÉGORIE DE MOTS

SONS ÉQUIVALENTS

è	o	e	oi
ai ei ay ey et ez es er	au eau	eu œu	oy
an en ean	in ain ein en ien	on an in un en	Dans ces diphtongues la lettre **n** se change en **m** devant les consonnes **b**, **p**, **m**, *omb*, *amb*, *imb*, *umb*, *omp*, *amp*, *emb*, *emp*, etc.
oin		f = ph	

MOTS ET PHRASES

1 La raison 2 la maison 3 la saison 4 la craie 5 la plaie 6 une fraise 7 une braise 8 une chaise 9 une punaise.

10 Du lait 11 le balai 12 le palais. — 13 La chaîne 14 la graisse 15 la maîtresse. — 16 J'ai bu du vinaigre. — 17 Tu as mangé une

Des balais.

Une chaîne.

Une châtaigne.

châtaigne. — 18 J'ai acheté du raisin. — 19 J'ai vu un aigle voler dans les airs. —

Un aigle.

Une grappe de raisin.

20 J'ai acheté la semaine dernière un dictionnaire et une grammaire chez le libraire. — 21 J'ai bu à la fontaine de l'eau fraîche et claire. — 22 Mon frère aîné a été malade ; il

est faible et maigre. — 23 Ce raisin est aigre; il ne doit pas vous plaire. — 24 Il est nécessaire que tu me laisses régler cette affaire. — 25 Jamais je n'ai vu une araignée aussi laide. — 26 As-tu vu l'éclair traverser les airs? — 27 Mon maître possède une prairie dans la plaine. — 28 Jamais je n'ai vu cette prairie. —

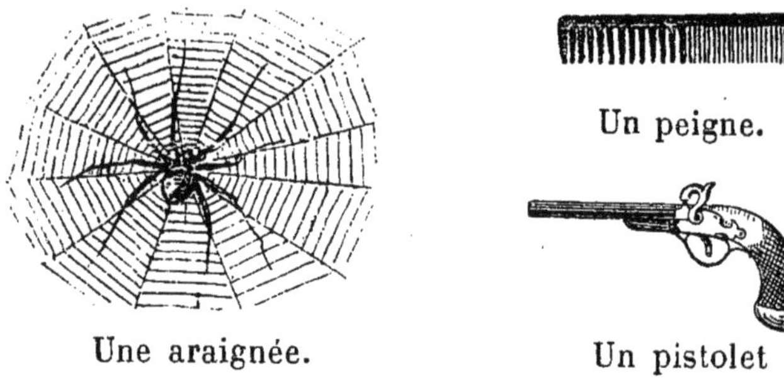

Un peigne.

Une araignée.

Un pistolet

29 Le portefaix a-t-il apporté le raisin frais que j'ai acheté?

30 La neige 31 le peigne 32 la veine 33 le poulet 34 le mulet 35 le pistolet 36 le bracelet 37 le fouet 38 le soufflet 39 le perroquet 40 le robinet 41 le gilet 42 le minaret 43 le navet 44 le nez 45 le pied 46 le papier 47 le cahier 48 le berger 49 l'escalier 50 le palmier 51 le bijoutier 52 le boucher 53 le boulanger 54 le cordonnier.

55 J'ai voulu acheter des fraises chez le jardinier, mais il n'avait ni fraises ni raisin.

56 Les menuisiers, les serruriers, les forgerons et les maçons exercent des métiers utiles.

57 Je voudrais pouvoir aller vous voir la semaine prochaine.

58 Ces élèves sont reconnaissants : ils voudraient pouvoir donner un souvenir à ce maître qui les a instruits.

59 Mes amis, montrez-vous toujours reconnaissants et aimez les maîtres qui vous ont instruits.

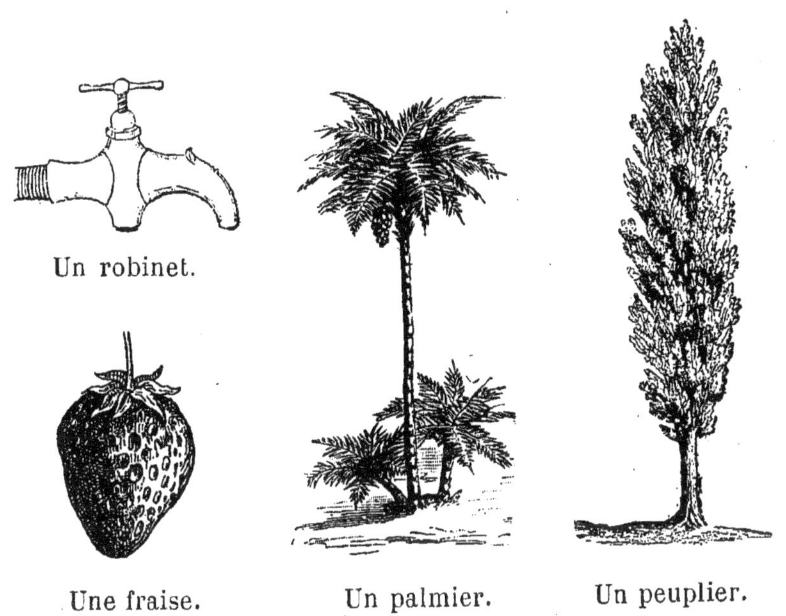

Un robinet.

Une fraise. Un palmier. Un peuplier.

60 Donnez à cet ouvrier le salaire qu'il a gagné avec tant de peine.

61 Vous me faites de la peine. 62 Tu me fais de la peine.

63 Pourquoi fais-tu de la peine à ton maître?

64 Le peuplier est un arbre sans fruits : le cerisier au contraire est un arbre fruitier.

65 J'ai vu travailler des ouvriers chez ce bijoutier.

66 J'ai acheté une grammaire dans cette librairie.

67 J'ai employé l'argent, que mon maître m'a donné, à acheter des livres.

68 La France est un joli pays.

69 Les paysans habitent la campagne.

70 Votre chienne a aboyé lorsqu'elle m'a vu sortir de chez vous.

71 Cet homme est pauvre.

72 Ce garçon est beau.

73 Ce chameau est haut.

74 Ce rideau est jaune.

75 Ce livre est nouveau.

76 J'ai vu dans la plaine un troupeau d'agneaux et de chevreaux.

77 Les agneaux sont les petits des brebis et les chevreaux les petits des chèvres.

78 Les taureaux, les veaux et les vaches sont des animaux domestiques.

79 On fait des chaussures avec la peau des animaux et surtout avec celle des veaux, des chevreaux, des vaches et des taureaux.

80 Le corbeau, le moineau et la fauvette sont des oiseaux.

81 J'ai mangé aujourd'hui des artichauts en sauce.

82 Cette maison a été blanchie aujourd'hui à la chaux.

83 Aujourd'hui je suis content de votre travail.

84 Mes parents sont contents de moi parce que j'ai été attentif en classe.

Des chameaux.

Un troupeau.

85 Mon enfant, si tu es intelligent, tu apprendras vite la langue française ; mais il faut être attentif en classe et écouter en silence les paroles de ton maître.

Une bottine.

Une botte.

Des brodequins.

86 Cet enfant a mal aux dents.

87 J'ai mal aux dents.

88 Cet élève a mal au ventre ; faites-lui boire de l'eau de menthe.

89 Entendez-vous souffler le vent avec violence?

90 Oui, monsieur, je l'entends : c'est une tempête.

Des pantoufles.

Des sabots.

91 Prends cette plume et cet encrier et écris lentement ce que je vais te dicter.

92 Parlez doucement et poliment.

93 Écoutez attentivement lorsque vous êtes en classe si vous voulez entendre les paroles de votre maître.

Un encrier et un porte-plume.

Un serpent.

94 Le vaisseau avance lentement poussé par un vent faible.

95 Les aiguilles de la pendule avancent lentement aussi.

96 Le serpent est un animal venimeux.

97 Les enfants sont souvent peu studieux; quelquefois même ils sont très paresseux.

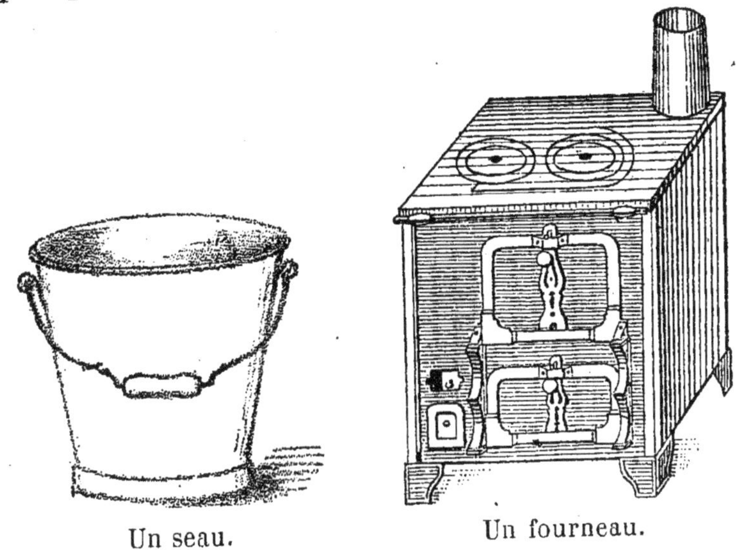

Un seau. Un fourneau.

98 Si vous voulez être heureux, ne soyez pas orgueilleux.

99 Si vous êtes paresseux, vous serez malheureux.

Un canapé.

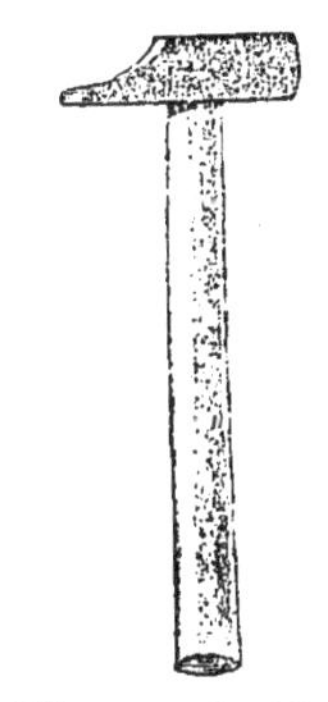

Un marteau.

100 Il est honteux d'être peureux.

101 Dans les grandes villes on rencontre des ouvriers travaillant à toutes sortes de mé-

tiers ; on voit des imprimeurs, des meuniers, des coiffeurs, des chapeliers, des brodeurs, des épiciers, des relieurs, des tailleurs, des armuriers, des tanneurs, des tourneurs, des selliers, etc. (et cætera).

Unc poule et des œufs.

102 Dans une maison on trouve toutes sortes de meubles et d'instruments : des bureaux, des chaises, des fauteuils, des seaux, des fourneaux, des canapés, des lits, des marteaux, des scies, des ciseaux, etc.

103 Le feu donne de la chaleur.

104 Une femme veuve est une femme qui a perdu son mari ; un homme dont la femme est morte est veuf.

105 Le neveu est le fils de la sœur ou du frère.

106 La fille de la sœur ou du frère s'appelle une nièce.

107 Quelle heure est-il à votre pendule?

108 Il n'est pas encore deux heures.

109 La poule a pondu un œuf.

110 Aimez-vous les œufs?

111 Tous les oiseaux pondent des œufs.

Des arbres.

112 Aimez-vous la chair de bœuf?

113 Voulez-vous manger du bœuf bouilli?

114 J'ai vu passer un troupeau de bœufs.

115 Les bœufs sont très utiles aux laboureurs parce qu'ils traînent lentement et patiemment la charrue.

116 Les arbres sont couverts de feuilles au printemps.

117 C'est également au printemps que les plantes sont couvertes de fleurs.

118 J'aime beaucoup l'odeur et les couleurs variées des fleurs.

119 Il y a des fleurs rouges, des fleurs jaunes et des fleurs bleues.

120 Ce pauvre homme est bien malheureux : il est à la fois aveugle et boiteux.

121 Bien 122 un chien 123 un lien 124 un musicien 125 je tiens 126 tu tiens 127 il tient 128 le mien 129 le tien 130 le sien.

Des tonneaux.

Un chasseur et son chien.

131 Une main 132 un bain 133 un grain 134 un pain 135 un poulain 136 un homme vilain 137 un tonneau plein de vin 138 une ceinture 139 un peintre 140 une peinture 141 un teinturier. — 142 Du foin 143 un coin 144 un coing 145 le poing 146 il a besoin de soins 147 un point 148 loin 149 moins 150 il joint 151 je joins 152 tu joins.

153 J'ai besoin d'un bon chien pour aller à la chasse. — 154 Voulez-vous le mien? — 155

Je veux bien le prendre; mais je ne vous le rendrai que demain. — 156 Peu importe; seulement ayez soin qu'il ne se perde point.

157 Ce teinturier a besoin de couleurs pour teindre ces vêtements.

158 Dites au teinturier d'avoir bien soin de teindre ma ceinture en rouge.

159 J'ai bien mal à la main : j'ai besoin de beaucoup de soins si je veux être guéri dans vingt jours.

ÉCRITURE

Mes amis, montrez-vous toujours reconnaissants et aimez les maîtres qui vous ont instruits.

Les animaux; leurs cris.

Les animaux sont très nombreux à la surface du globe. — On les divise en animaux sau-

Un lion. Un tigre.

vages et animaux domestiques ou apprivoisés. — Les animaux sauvages sont ceux qui vivent loin de l'homme. — Il y en a de féroces, tels que le lion, le tigre, la panthère, la hyène, le

Une panthère.

Une hyène.

léopard, l'ours, le lynx et le loup qui ne crai-

Un ours.

Un loup.

gnent pas d'attaquer l'homme. — Parmi les

Un lièvre.

Un cerf.

animaux sauvages qui ne sont pas féroces, on peut citer la gazelle, l'antilope, le lapin, le lièvre et le cerf. — Les animaux domestiques sont ceux qui vivent avec l'homme et qui lui sont utiles, comme les chevaux, les mulets,

Une jument et son poulain.

Un agneau.

les bœufs, les ânes, les moutons, les porcs, les chats, les chiens, etc.

Le petit de la lionne se nomme lionceau; le

Un veau.

Un chevreau.

petit de la jument s'appelle poulain; celui de la brebis se nomme agneau. — Le poussin est le petit de la poule; le veau, celui de la vache; le chevreau, celui de la chèvre.

Les cris des oiseaux sont désignés à l'aide

de mots particuliers; voici quelques exemples :

Le cheval hennit; son cri s'appelle hennissement;

Le taureau mugit; son cri s'appelle mugissement;

Le lion rugit; son rugissement est effrayant.

Un taureau.

Une poule et ses poussins.

Le mouton bêle et la vache beugle;
Le chien aboie et le chat miaule;
Les oiseaux chantent et gazouillent;
L'âne brait ainsi que le mulet;
Le loup hurle;
Le poule glousse pour appeler ses poussins;
Le corbeau croasse et la grenouille coasse;
Les insectes, tels que l'abeille, la mouche, la guêpe, bourdonnent.

ÉCRITURE

Ne maltraitons pas les animaux.

Emploi des choses.

Un couteau sert à couper; une scie sert à

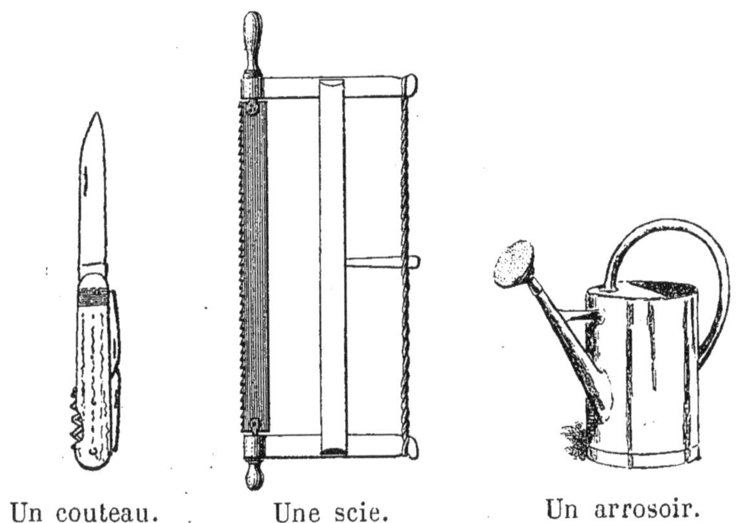

Un couteau. Une scie. Un arrosoir.

scier; une lime à limer et une hache à fendre le bois.

Une brosse.

Une pioche. Une lime. Une bêche.

Lorsqu'on veut écrire, on se sert d'une

plume que l'on trempe dans un liquide appelé encre.

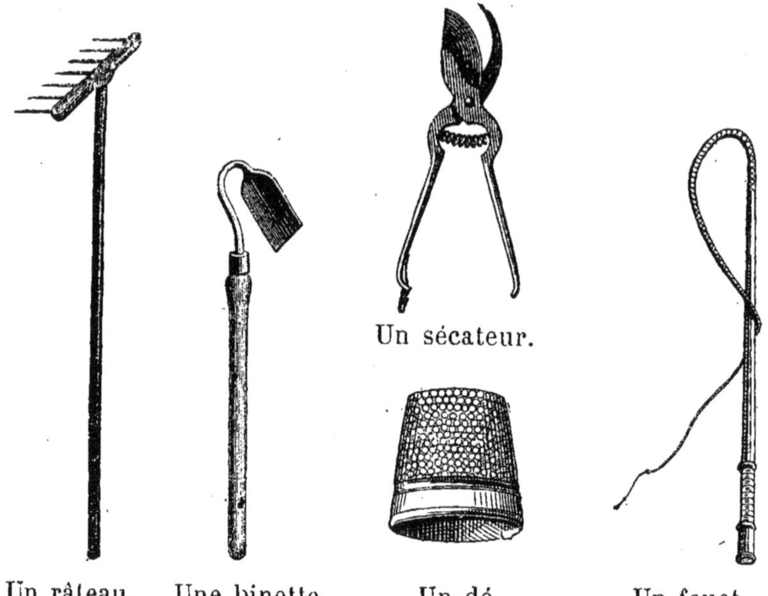

Un sécateur.

Un râteau. Une binette. Un dé. Un fouet.

On écrit ordinairement sur du papier que l'on règle avec une règle et un crayon.

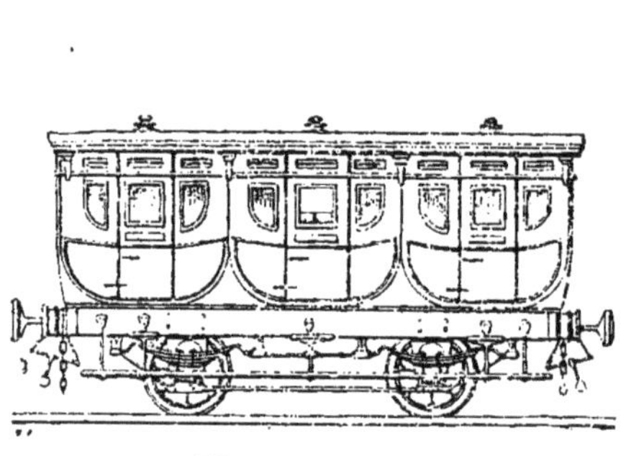

Un wagon.

Une cafetière.

Un arrosoir sert à arroser.

Une brosse sert à brosser les habits pour en enlever la poussière et les taches.

Les outils dont on se sert dans un jardin sont la bêche, la pelle, la pioche, le râteau et la binette.

Pour couper les branches d'arbres, on emploie la serpette et le sécateur.

Les ciseaux servent à couper les étoffes que l'on coud avec du fil et des aiguilles. — On pousse l'aiguille avec le dé.

Une marmite.

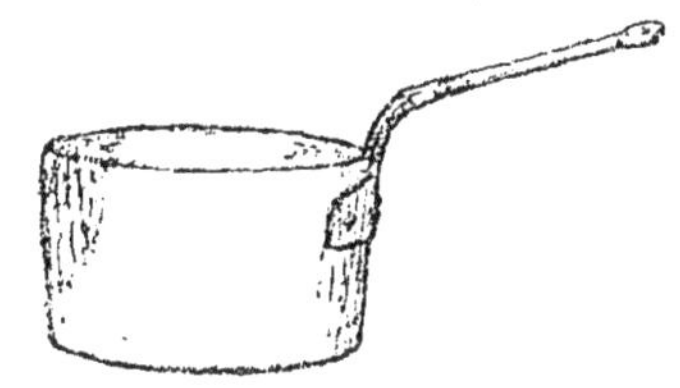

Une casserole.

Le fouet sert à fouetter les chevaux.

La charrue sert à retourner la terre.

On monte dans les voitures, dans les wagons et dans les bateaux pour faire des voyages.

On met du café dans la cafetière, du sucre dans le sucrier, du sel dans la salière.

On fait cuire les aliments dans des marmites ou des casseroles que l'on met sur des fourneaux.

On ouvre la serrure avec une clef et l'on ferme une porte en poussant le verrou.

Le linge avec lequel on s'essuie lorsqu'on s'est lavé la figure et les mains ou lorsqu'on mange se nomme une serviette.

Le travail.

Jeunes enfants, si vous voulez bien regarder autour de vous, vous verrez que tous les êtres travaillent dans la nature. — Cette hirondelle, que vous apercevez près de ce ruisseau, pétrit

Une hirondelle.

Des fourmis.

de la boue avec laquelle elle bâtit son nid; cet autre oiseau ramasse des crins et de la laine pour construire le sien. — Ces abeilles, qui voltigent sur les fleurs, les sucent pour faire leur miel dans la ruche. — Ces fourmis, qui courent à vos pieds, remplissent de provisions leur demeure souterraine. — Ces bœufs, que vous apercevez au loin, traînent péniblement la charrue pour labourer la terre. — Le chien garde la maison ou surveille le troupeau; le cheval traîne les chariots et les voitures; le mulet porte de lourds fardeaux.

Les hommes aussi vous donnent l'exemple

du travail : le boulanger pétrit la pâte dans le pétrin pour faire le pain qu'il cuit ensuite dans le four; le jardinier cultive son jardin pour avoir des légumes; le maçon construit les maisons; le menuisier fait des portes, des

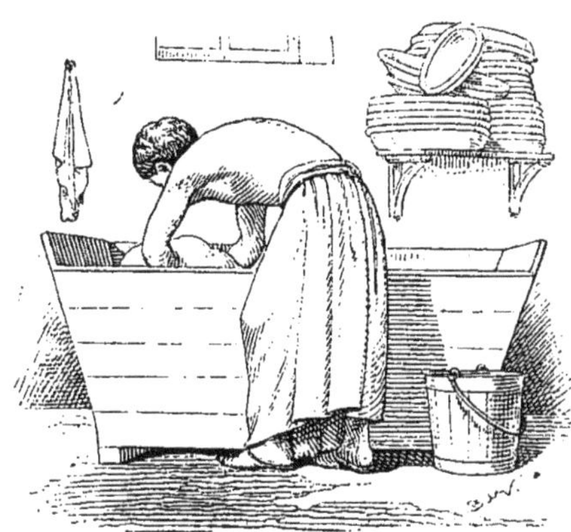

Boulanger pétrissant.

Un forgeron dans sa forge.

fenêtres et toutes sortes de meubles; le forgeron bat le fer sur l'enclume et fabrique un grand nombre d'instruments utiles; en un mot, tous les hommes travaillent. — Aussi, mes chers enfants, travaillez vous-mêmes avec courage afin de vous instruire et de ne pas être traités de paresseux.

ÉCRITURE

Honte aux paresseux : ils sont inutiles.

Les 4 points cardinaux.

Les 4 points cardinaux sont l'*est*, le *midi*, l'*ouest* et le *nord*.

L'*est* est le côté où le soleil paraît, le matin, où il semble se lever. — C'est pour cette dernière raison que l'*est* se nomme aussi *levant* ou *orient*.

L'*ouest* est le côté où le soleil semble se coucher le soir. — Il s'appelle encore *couchant* ou *occident*. — Lorsqu'on a l'*est* à sa droite et l'*ouest* à sa gauche, on fait face au *nord* et l'on a le *midi* ou *sud* derrière soi.

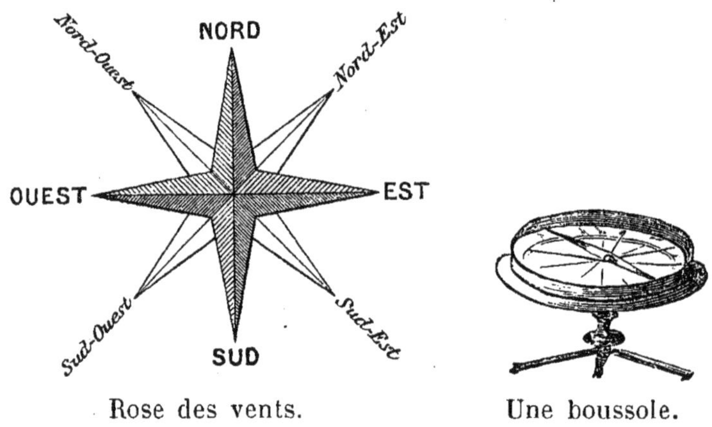

Rose des vents. Une boussole.

L'horizon est l'endroit où se termine la vue, où le ciel et la terre semblent se toucher.

La terre tourne sur elle-même de l'*ouest* à l'*est*.

S'*orienter* signifie chercher la direction des 4 points cardinaux dans le lieu où l'on se trouve ou, plus exactement, chercher l'*orient*.

Lorsqu'un voyageur se perd au milieu d'un pays désert ou au milieu de la mer, il est obligé de s'*orienter* pour retrouver sa route.

ÉCRITURE

La boussole est un petit instrument ressemblant à une montre, dont l'aiguille prend toujours la direction du nord.

Les semaines, les mois, les années et les heures.

Dans une semaine il y a 7 jours qui portent chacun un nom différent : dimanche, lundi, mardi, mercredi, jeudi, vendredi et samedi.

Dans un mois, il y a 4 semaines et 2 ou 3 jours; dans une année, il y a 52 semaines et 1 ou 2 jours.

Il y a donc 30 ou 31 jours dans un mois, 12 mois dans une année et 7 jours dans une semaine.

Un siècle est une période de 100 années.

Dans un jour il y a 24 heures; dans une heure il y a 60 minutes, et dans une minute 60 secondes.

Dans une année, il y a 365 ou 366 jours.

Les 12 mois de l'année sont : janvier,

février, mars, avril, mai, juin, juillet, août, septembre, octobre, novembre et décembre.

Les mois ont 30 ou 31 jours, à l'exception du mois de février qui a 28 ou 29 jours.

ÉCRITURE

Ne perdons jamais notre temps : le temps perdu ne se rattrape plus.

Les saisons.

Il y a quatre saisons dans l'année : le printemps, l'été, l'automne et l'hiver.

Chaque saison dure trois mois.

Le printemps est la saison la plus agréable. — C'est au printemps que les plantes

Le printemps.

commencent à sortir de terre, que les champs se couvrent de verdure et de fleurs et les arbres de feuilles.

Pendant l'été on moissonne le blé, l'orge et les autres céréales.

L'été.

L'automne est la saison des fruits. — C'est en automne qu'on fait la vendange dans les

L'automne.

pays où pousse la vigne en abondance. — Avec le raisin on fait le vin.

L'hiver est la saison la plus rigoureuse, car c'est en hiver que le froid est le plus intense. — Pendant cette saison il tombe de la pluie, de la neige, de la grêle même. — Dans certains pays l'eau gèle et se couvre de

L'hiver.

glace. — En hiver les arbres sont dépouillés de leur feuillage et tout est triste dans la nature. — Les hommes sont obligés de brûler du bois ou du charbon pour réchauffer leurs membres engourdis par le froid.

ÉCRITURE

Chaque saison a ses avantages et ses inconvénients.

Le temps.

Voulez-vous avoir la bonté de me dire l'heure qu'il est?

Quelle heure est-il, s'il vous plaît?

Il est huit heures du matin.

Il est sept heures et demie.

Il est huit heures moins un quart.

Il est l'heure d'aller en classe : dépêchez-vous.

Il est midi : c'est le milieu de la journée.

Une horloge.

Une montre.

Il est quatre heures de l'après-midi : vous allez sortir de classe.

Il est dix heures du soir.

Il est encore de bonne heure.

Il est tard.

Il n'est pas tard.

Il est minuit : c'est le milieu de la nuit.

Il est trois heures précises du matin.

Cette horloge avance.

Votre montre retarde : il est quatre heures moins vingt.

Vous êtes resté longtemps dehors.

Je partirai en voyage demain ou après-demain ; peut-être la semaine prochaine.

Je crois que votre ami est parti hier ou avant-hier.

Non, monsieur, il est parti il y a déjà six jours.

Il reviendra prochainement.

J'irai le voir dans quelques jours.

ÉCRITURE

Regarde l'horloge, elle t'indiquera l'heure du travail.

Le temps (*suite*).

Je voudrais bien aller me promener aujourd'hui : quel temps fait-il?

Fait-il beau?

Le temps est magnifique; je ne me rappelle pas avoir vu une aussi belle journée; l'air est pur.

Ciel par un temps d'orage.

Le temps est couvert; le ciel est nuageux.

Le ciel est couvert de nuages noirs.

Le temps est à l'orage.
Il commence à pleuvoir.
Le vent souffle avec force.
La pluie va tomber à torrents.
Entendez gronder le tonnerre.
Voyez les éclairs.
Lorsqu'il fait un orage, j'ai toujours peur que la foudre tombe.
Il tombe de la grêle.
L'orage commence à se calmer.
Voyez l'arc-en-ciel.
Les rues sont pleines de boue.
Le temps est froid.
Le temps est humide.
Demain il fera très chaud.
La chaleur est étouffante aujourd'hui.
J'ai tellement chaud, que je suis tout baigné de sueur.

ÉCRITURE

La promenade est très utile à la santé.

Salutations et compliments.

Bonjour, Monsieur.
Salut, mon ami.
Je vous souhaite le bonjour.
Je vous souhaite le bonsoir.

Monsieur, j'ai l'honneur de vous saluer.

J'ai l'honneur de vous présenter mes respects.

Madame, j'ai l'honneur de vous offrir mes hommages.

Bonsoir, Monsieur.

Adieu.

Au revoir.

Je suis bien aise de vous voir.

Je suis bien content d'avoir pu vous rencontrer.

Comment allez-vous ?

Comment vous portez-vous ?

Comment va monsieur votre père ?

Votre santé est-elle bonne ?

Je me porte à ravir, je vous remercie.

Je vais très bien.

Je suis un peu indisposé.

Ce ne sera rien, j'espère.

Je ne me sens pas à mon aise.

Voulez-vous venir vous reposer chez moi ?

Mille remerciements.

Comment se porte votre famille ?

Assez bien, merci.

J'en suis bien aise.

Veuillez faire mes compliments aux vôtres.

Je n'y manquerai pas.

Faites-moi le plaisir de me rappeler au bon souvenir de monsieur votre père.

Je n'oublierai pas.

Présentez mes salutations à madame votre mère.

Bonne nuit, Monsieur.

Quoi de nouveau chez vous? — Tout va bien. — Tant mieux.

Savez-vous quelque chose de neuf?

Le chien et le loup.

Un chien poursuivait un jour un loup qui fuyait à toutes jambes. Il était fier de sa vigueur et de la

Le chien et le loup.

rapidité de sa course, et il narguait le pauvre loup : « Ne crois pas que j'aie peur de toi, lui dit alors cet animal; c'est le chasseur qui est derrière nous que je redoute. »

ÉCRITURE

Il ne faut jamais se vanter d'un mérite que l'on n'a pas.

QUESTIONNAIRE

DEMANDE. *Quel est le titre de cette petite histoire?*	RÉPONSE. Le chien et le loup.
D. *Que faisait un jour un chien?*	R. Il poursuivait un loup.
D. *Qu'est-ce qu'un loup?*	R. Un loup est un animal sauvage qui ressemble au chien.
D. *Que faisait ce loup?*	R. Il fuyait à toutes jambes.
D. *Que signifient ces mots* fuir à toutes jambes?	R. Ces mots signifient *fuir aussi vite que possible.*
D. *De quoi le chien était-il fier?*	R. Il était fier de sa vigueur et de la rapidité de sa course.
D. *Pourquoi narguait-il le loup?*	R. Le chien narguait le loup parce qu'il croyait qu'il fuyait devant lui.
D. *Que lui dit le loup?*	R. Le loup lui dit qu'il fuyait à toutes jambes parce qu'il redoutait les chasseurs qui étaient derrière eux.

La bonne compagnie.

L'enfant et la petite boîte.

« Sens cette petite boîte, disait un jour une enfant à sa mère; son bois a l'odeur de la rose.

— *Sais-tu pourquoi?* demanda la mère.

— C'est, sans doute, répondit l'enfant, parce que la nature l'*a voulu* ainsi.

— Non, ma chère fille, dit la mère, c'est parce que j'avais mis des roses dans cette boîte et elle s'est imprégnée de leur douce odeur.

Voilà ce que l'on gagne en bonne compagnie. »

ÉCRITURE

Fréquentez toujours de bons camarades.

QUESTIONNAIRE

DEMANDE. *Que disait un jour une enfant à sa mère?*	RÉPONSE. Une enfant disait un jour à sa mère de sentir une petite boîte qu'elle lui montrait.
D. *Quelle odeur avait le bois de cette boîte?*	R. Ce bois avait l'odeur de la rose.
D. *Qu'est-ce qu'une rose?*	R. Une rose est une fleur dont l'odeur est agréable.
D. *Pourquoi la petite boîte avait-elle l'odeur de la rose?*	R. La boîte avait cette odeur parce que la mère y avait mis des roses.

Le coq.

Une femme avait deux servantes qu'elle éveillait tous les matins au premier chant du coq. Les deux servantes, afin de rester plus longtemps au lit, tuèrent le coq qui les faisait lever chaque jour de si bonne heure.

Le coq.

Mais leur maîtresse, ne sachant plus quelle heure il était, les éveilla dès lors beaucoup plus tôt, quelquefois même dans le milieu de la nuit.

ÉCRITURE

En voulant éviter un petit ennui, on s'en attire souvent un bien plus grand.

La poule aux œufs d'or.

Deux femmes voisines avaient chacune une grosse poule qui pondait chaque jour un œuf d'or. Une d'elles s'imagina que sa poule avait un trésor dans le corps. Elle la tua, l'ouvrit et la trouva semblable à toutes les autres poules.

L'autre pensa qu'en augmentant la nourriture de la sienne elle lui ferait pondre deux œufs au lieu d'un; mais la pauvre bête devint excessivement grasse, cessa de pondre et ne tarda pas à mourir.

ÉCRITURE

L'avarice perd tout en voulant tout gagner.

Le soc de charrue.

Un soc de charrue, dont on ne se servait plus depuis longtemps, était tout couvert de rouille. Il voit passer son frère, tout brillant qui revenait des travaux des champs, et lui dit : « Comment se fait-il que tu sois si poli, si brillant, et que moi je sois terne et rouillé? Cependant nous avons été forgés du

Le soc de charrue.

même fer et par le même forgeron. Où as-tu pris cet éclat, mon frère? — En travaillant », lui répondit l'autre.

ÉCRITURE

L'oisiveté rouille le corps et l'esprit.

Les voleurs et l'âne.

Deux voleurs avaient pris un âne. Mais chacun d'eux voulait le garder pour lui seul. Pendant qu'ils se disputaient et se battaient, un troisième larron arriva, monta sur l'âne et s'enfuit au galop. Les deux voleurs coururent après lui, mais ne purent

Les voleurs et l'âne.

l'atteindre, et ils ne retirèrent d'autre profit de leur vol que les coups de poing et les coups de pied qu'ils s'étaient distribués.

ÉCRITURE

Bien mal acquis ne profite jamais.

QUESTIONNAIRE

Demande. *Qu'avaient fait deux voleurs?*	**Réponse.** Ils avaient pris un âne.
D. *Où avaient-ils trouvé cet âne?*	R. Ils l'avaient trouvé dans un champ.
D. *Que faisait cet âne dans le champ?*	R. L'âne broutait l'herbe.
D. *Que voulurent-ils faire de cet âne?*	R. Chacun d'eux voulut le garder pour lui seul.
D. *Que se passa-t-il entre eux?*	R. Les deux voleurs se disputèrent et se battirent pour savoir lequel des deux garderait l'âne.
D. *Qu'arriva-t-il pendant qu'ils se disputaient?*	R. Il survint un troisième individu qui monta sur l'âne et s'enfuit au galop.

D. *Lorsque les voleurs le virent s'enfuir avec l'âne, que firent-ils?*
R. Ils cessèrent de se battre et se mirent à courir après lui pour tâcher de l'atteindre.

D. *Purent-ils l'atteindre?*
R. Non, monsieur, ils ne purent pas l'atteindre parce que l'âne courait plus vite qu'eux.

D. *Quel profit retirèrent-ils de leur vol?*
R. Ils ne retirèrent aucun profit.

D. *Quelle est la morale de cette petite fable?*
R. La morale de cette fable est qu'on est toujours puni lorsqu'on a commis un vol et que le produit d'un vol ne profite jamais.

Les épis de blé.

Un cultivateur était allé visiter sa terre, pour voir si l'on pourrait bientôt moissonner le blé. Il avait emmené son fils avec lui :

Un père et son fils devant un champ de blé.

« Regarde, papa, dit l'enfant, ces beaux épis qui se tiennent si droit; sans doute, ils sont bien meilleurs que les autres épis qui sont tout couchés. »

Le père cueillit quelques épis, et dit : « Mon enfant, regarde cet épi qui dressait si fièrement sa tête; il ne renferme pas de grains. Vois cet autre, au contraire, qui était courbé jusqu'à terre; il est rempli de grains magnifiques.

ÉCRITURE

Il ne faut pas juger des gens d'après leur apparence, car les gens fiers et orgueilleux sont souvent ceux qui ont le moins de valeur, et qui font le plus d'embarras.

La colombe et la fourmi.

Une fourmi qui courait dans les champs, à la

La colombe et la fourmi.

recherche de sa nourriture, se laissa tomber dans un ruisseau. Elle allait se noyer lorsqu'elle fut aperçue par une colombe qui s'empressa de lui porter secours et de la retirer de l'eau.

Quelques instants après, la fourmi retournait à son trou; elle aperçut un chasseur visant la colombe qui était perchée sur un arbre. Elle courut rapidement à lui et le mordit avec force au talon au moment où il allait tirer sur sa bienfaitrice. La douleur fit faire un bond au chasseur qui détourna l'arme, ce qui évita à la colombe une mort certaine.

ÉCRITURE

Il faut toujours vous montrer reconnaissants envers ceux qui vous font du bien.

QUESTIONNAIRE

DEMANDE. *Que faisait une fourmi dans les champs?*	RÉPONSE. Elle cherchait sa nourriture.
D. *Que lui arriva-t-il?*	R. Elle tomba dans un ruisseau.
D. *Qui la vit dans l'eau sur le point de se noyer?*	R. Une colombe.
D. *Que fit la colombe lorsqu'elle vit que la fourmi allait se noyer?*	R. Elle eut pitié d'elle et lui porta secours.
D. *Put-elle la retirer de l'eau?*	R. Oui, monsieur, elle put la retirer de l'eau.
D. *Comment fit-elle pour la retirer de l'eau?*	R. Elle lui tendit un brin de paille sur lequel la fourmi monta.
D. *Lorsque la fourmi fut sortie de l'eau, que fit-elle?*	R. Elle remercia la colombe et s'en alla.
D. *Où alla-t-elle?*	R. Elle retourna sans doute à son trou.

D. *En retournant à son trou, qu'aperçut-elle?* | R. Elle aperçut un chasseur dans le champ.

D. *Qu'avait ce chasseur à la main?* | R. Il avait à la main un long fusil.

D. *Que faisait-il avec ce fusil?* | R. Il visait la colombe qui était perchée sur un arbre et il voulait la tuer.

D. *Que fit la fourmi lorsqu'elle aperçut le chasseur?* | R. Elle courut à lui pour le mordre au talon afin de l'empêcher de tuer la colombe.

D. *Que fit le chasseur lorsque la fourmi le mordit?* | R. Il fit un bond et lâcha son fusil.

D. *La colombe fut-elle tuée?* | R. Non, monsieur, elle ne fut pas tuée. Elle échappa à la mort.

La gazelle.

Une gazelle se mirant dans l'eau.

Une gazelle vint un jour se désaltérer à une source limpide. En buvant elle vit son image dans l'eau. La maigreur de ses jambes la chagrina; elle fut fière au contraire de la longueur de ses cornes.

Tandis qu'elle faisait ces réflexions, des chasseurs survinrent. Elle se mit alors à fuir à toutes jambes. Tant qu'elle courut dans la plaine, les chasseurs ne purent la rejoindre. Mais aussitôt qu'elle entra dans les bois, ses cornes s'engagèrent dans les arbres et ses ennemis ne tardèrent pas à l'atteindre et à la blesser mortellement. « Malheureuse que je suis!

s'écria-t-elle en mourant; j'ai méprisé ce qui a été la cause de mon salut, et ce dont j'étais fière a occasionné ma perte. »

ÉCRITURE

La gazelle vit en Afrique.

Probité.

Un jour, en passant dans la rue, je vis un enfant qui cherchait un objet perdu en regardant à terre et qui pleurait à chaudes larmes.

« Mon enfant, lui demandai-je, que fais-tu là? Pourquoi pleures-tu?

— Monsieur, me répondit-il, mon père m'avait

Probité.

donné deux sous pour lui acheter un petit pain et je les ai perdus.

— Ne pleure plus, mon ami, lui dis-je; voici un gros sou; cours acheter le pain de ton père. »

L'enfant me remercia et partit tout joyeux. J'avais à peine fait cinquante pas que je le vis revenir vers moi en courant.

« Monsieur, me dit-il tout ému, j'ai retrouvé mes

deux sous et je viens vous rendre les vôtres en vous remerciant de tout mon cœur. — Dieu te bénisse! mon cher enfant, lui dis-je; garde les deux sous que je t'ai donnés et prends cette pièce d'argent en récompense de ta probité. »

Les enfants doivent toujours s'habituer à être probes et reconnaissants.

Les deux voisins.

Un meunier et un maréchal étaient voisins.

Le fils du premier tomba un jour dans un ruisseau sur le bord duquel il jouait.

Les deux voisins.

Le maréchal, qui habitait de l'autre côté de l'eau, entendit les cris de l'enfant et accourut à son secours.

Il le retira heureusement et le ramena chez son père.

Quelques temps après, un incendie éclata dans la maison du maréchal. C'était pendant la nuit et toute la famille s'enfuit à la hâte. Mais, dans le trouble, on oublia la plus jeune des filles.

Du milieu des flammes, elle implorait le secours des spectateurs; mais personne n'avait le courage de s'exposer au danger pour la sauver.

Tout à coup le meunier parut, pénétra dans l'intérieur de la maison en feu et revint bientôt après, portant l'enfant dans ses bras. Il la remit à son père en disant : « Vous avez retiré mon fils de l'eau; moi, avec la grâce de Dieu, j'ai sauvé votre fille du feu. »

Les deux chats et le singe.

Deux chats ravirent un fromage et vinrent prier un singe de vouloir bien le partager entre eux deux. Celui-ci le coupa en deux parties à peu près égales et plaça chacune d'elles dans les plateaux d'une

Les deux chats et le singe.

balance qu'il avait mise devant lui. L'une des parts pesait un peu plus que l'autre. Le singe en mangea un petit morceau pour rétablir l'équilibre et la replaça dans le plateau. Ce fut alors l'autre part qui se trouva plus pesante. Le singe en mangea également un morceau pour égaliser le poids. Mais la première fut à son tour plus lourde et le singe la rogna encore. Il continua le même manège jusqu'à ce qu'il ne restât plus de chaque côté qu'une faible portion du fromage.

« Nous sommes satisfaits du partage, dirent alors les chats.

— Très bien, leur répondit le singe; je garde alors ce qui reste pour les frais. »

ÉCRITURE

Un mauvais arrangement vaut mieux qu'un bon procès.

Le loup et l'agneau.

LE LOUP. — « Que viens-tu faire sur le bord de ce 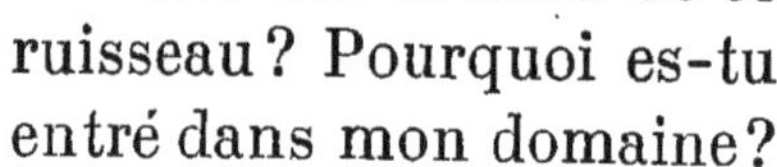 ruisseau? Pourquoi es-tu entré dans mon domaine?

Le loup et l'agneau.

L'AGNEAU. — Seigneur, je suis venu boire à ce ruisseau. Depuis ce matin le berger nous a fait courir dans les champs, et, comme il fait très chaud, j'avais une soif ardente et je suis venu me désaltérer.

LE LOUP. — Pourquoi te permets-tu de troubler l'eau de ce ruisseau, surtout lorsque je bois moi-même?

L'AGNEAU. — Seigneur, je ne vous avais pas aperçu, et je vous prie de me pardonner. Dans tous les cas, l'endroit où je buvais est bien plus bas que celui où vous vous trouviez et il n'est pas possible que j'aie troublé votre eau.

LE LOUP. — Si, tu l'as complètement troublée et je te punirai.... Au fait, n'est-ce pas toi qui as dit du mal de moi l'année dernière et qui m'as insulté?

L'AGNEAU. — Seigneur, cela est impossible. Je n'étais pas encore né à cette époque. Je tette encore ma mère. J'ai à peine deux mois.

LE LOUP. — Si ce n'est toi qui m'as insulté, ce doit être ton frère.

L'AGNEAU. — Je n'ai pas de frère, Seigneur.

LE LOUP. — C'est alors quelqu'un de tes parents ou de tes voisins qui m'a diffamé. Je sais du reste que les animaux de votre race, que les chiens qui vous protègent, que les bergers qui vous conduisent, disent tous pis que pendre de moi et des miens. Aussi, puisque le ciel me donne l'occasion de me venger de vous, je me garderai bien de la laisser échapper. Tu vas payer pour tous les autres. »

A ces mots, le loup se précipita sur le pauvre agneau et le dévora.

ÉCRITURE

Quelles que soient les raisons que donne le faible, il est toujours victime de l'injustice du fort.

La leçon de lecture.

Mes enfants, prenez vos livres. — Ouvrez le livre à la page 35. — Commencez à lire. — Lisez doucement. — Lisez moins vite. — Lisez plus vite. — Lisez bien. — Vous ne savez pas encore bien lire. — Vous ne prononcez pas bien. — Vous prononcez mal. — Recommencez. — Vous ne savez pas encore bien prononcer cette lettre. — Prononcez ce mot. — Recommencez encore une fois. — Cette fois vous avez bien prononcé. — Continuez. — Lisez à haute voix. — Ne criez pas. — Vous lisez trop haut. —Lisez bas. — Arrêtez-vous à la fin de la phrase. — C'est bien : assez. — À vous maintenant, mon enfant. — Recommencez ce paragraphe. — Vous avez bien lu : je suis content de vous. — Traduisezmaintenant. — Traduisez mot par mot. — Traduisez toute la phrase. — Vous ne savez pas traduire. — Vous ne comprenez pas. — Avez-vous compris? — Non, vous n'avez pas compris. — Si, Monsieur, j'ai bien compris. — J'ai compris toute la phrase, excepté un seul mot. — Quel est le mot que vous ne comprenez pas? — Vous ne pouvez pas comprendre; vous ne savez jamais votre leçon. — Lisez à votre tour, mon jeune ami. — Vous ne suivez pas. — Pourquoi ne suivez-vous pas? — Il faut tous suivre lorsqu'un de vos camarades lit. — Si vous ne suivez pas, je vous

Une classe.

punirai. — Votre camarade s'est arrêté à la ligne 9. — Suivez, mes enfants, avec le doigt. — Ne tenez pas votre livre à la main; posez-le sur la table. — Levez-vous : vous lirez debout et vous tiendrez votre livre à la main. — Prononcez bien chaque syllabe. — Épelez les lettres contenues dans ce mot. — Ouvrez la bouche et articulez bien les syllabes. — La phrase est finie. — Le paragraphe est fini. — La page est finie. — Tournez la page. — Comment appelle-t-on ce signe? — C'est une virgule (,); c'est un point (.); c'est un point et virgule (;); c'est un point d'interrogation (?); c'est un point d'exclamation (!). — Arrêtez-vous : la leçon est finie. — Fermez vos livres et rangez-les.

La leçon d'écriture.

Prenez vos ardoises pour écrire. — Prenez vos crayons d'ardoise. — Taillez vos crayons. — Votre crayon n'est pas bien taillé; donnez-le-moi, je vous le taillerai. — Écrivez doucement. — Commencez à écrire. — N'écrivez pas vite. — Suivez votre modèle. — Imitez bien le modèle. — Tenez bien le crayon. — N'appuyez pas sur votre crayon. — Allez écrire au tableau. — Prenez un morceau de craie. — Écrivez ce mot. — Écrivez droit. — Vous n'écrivez pas droit. — Écrivez les lettres majuscules. — Formez bien chaque lettre. — Appuyez un peu sur la craie. — Allez vous asseoir. — Retournez à votre place. — Prenez vos cahiers et vos plumes. — Réglez la page. — Prenez votre règle et votre crayon pour régler la page. — Où est votre cahier? — Mon-

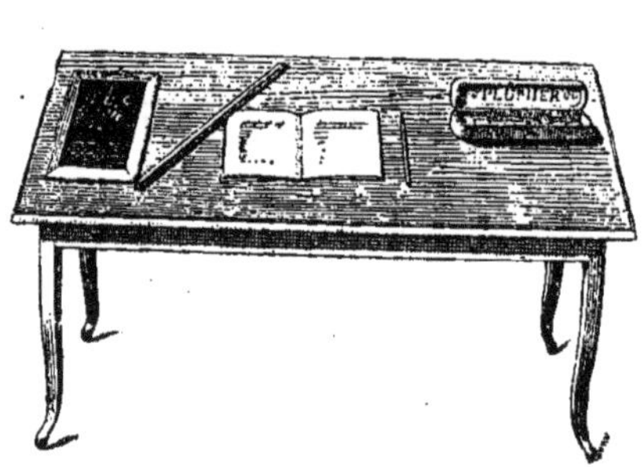

Table avec ustensiles d'écolier.

Un enfant écrivant.

sieur, je l'ai oublié. — Pourquoi l'avez-vous oublié? — Vous serez puni. — Prenez cette feuille de papier. — Réglez-la. — Imitez tous le modèle que j'écris au tableau noir. — Vous avez mal fait cette lettre majuscule. — Votre écriture est trop grosse. — Pourquoi appuyez-vous sur la plume? — Vous prenez là une mauvaise habitude. — Vous avez cassé votre plume parce que vous avez l'habitude de trop appuyer dessus. — Il faut prendre l'habitude de ne pas appuyer sur votre plume. — Voici une plume neuve. — Merci, Monsieur; je vais prendre l'habitude de ne plus appuyer sur ma plume. — Vous ferez bien, si vous voulez arriver à bien écrire. — Vous prenez trop d'encre. — Vous enfoncez trop votre plume dans l'encrier. — Vous vous salissez les doigts. — Votre écriture est fine. — Votre écriture est belle. — Votre écriture me plaît. — Votre cahier est propre. — Le vôtre est sale, mon enfant. — Vos mains sont tachées d'encre. — Mes enfants, posez vos plumes. — La leçon d'écriture est terminée. — Ne fermez pas vos cahiers : laissez sécher l'encre. — Bouchez les encriers. — Fermez maintenant vos cahiers et rangez-les.

La leçon de calcul.

Maintenant nous allons calculer. — Comptez de un à vingt. — Commencez, vous, mon ami. — Allez doucement. — Ne comptez pas vite. — Il ne faut pas compter vite. — Comptez tous ensemble. — Arrêtez-vous. — Cessez. — Recommencez tout seul. — Vous mettrez un nom après chaque nom de nombre. — Bien, Monsieur : un homme, deux enfants, trois femmes, quatre filles, cinq élèves, six écoles, sept maisons, huit chambres, neuf portes, dix fenêtres, onze moutons, douze bœufs,

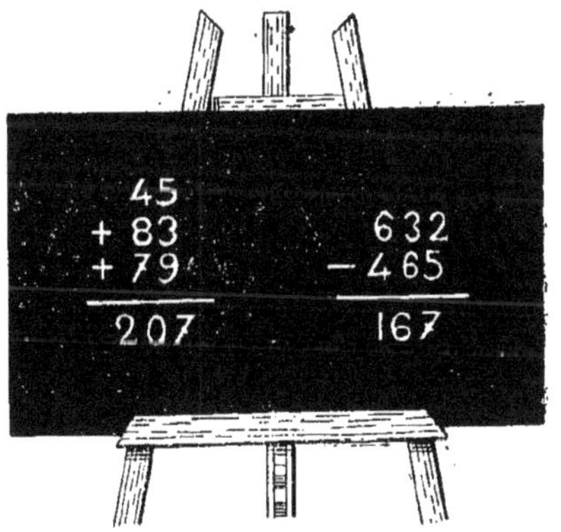

Un tableau noir avec addition et soustraction.

treize vaches, quatorze mulets, quinze chevaux, seize livres, dix-sept plumes, dix-huit cahiers, dix-neuf crayons et vingt encriers. — C'est bien; vous ne vous êtes pas trompé. — Je suis content de vous. — Je vous récompenserai. — A vous, mon enfant; comptez par dizaine et mettez un nom après chaque dizaine. — Tâchez de ne pas vous tromper. — Je tâcherai, Monsieur, de ne pas me tromper. — Dix fois, vingt fois.... — Arrêtez-vous, mon enfant, je ne veux pas qu'on répète le même nom; il faut changer le nom chaque fois. — Bien, Monsieur, je vais recommencer : dix fois, vingt jours, trente heures, quarante pains, cinquante oranges, soixante navires, soixante-dix soldats, quatre-vingts arbres, quatre-vingt-dix villages, cent villes. — C'est bien. — A vous. Allez au tableau noir; écrivez deux nombres; additionnez-les. — Faites une addition. — Bien, Monsieur, je dirai : 5 et 3 font 8; 8 et 9 font 17. — Quel est le total? — Faites maintenant une soustraction; dites : 12 moins 5 ou 5 ôtés de 12, il reste 7. — Assez; cela suffit. — Vous pouvez aller à votre place.

La leçon de langage.

Nous allons causer un peu en français. — Je vais vous faire une leçon de langage. —

Venez ici, mon ami, et répondez aux questions que je vais vous poser. — Quel est cet objet que vous voyez dessiné ici sur votre livre ?

— Monsieur, c'est une maison.

— Comment est cette maison ?

— Cette maison est petite.

— Est-elle jolie ?

— Oui, Monsieur, elle est jolie.

— Vous plaît-elle ?

— Oui, Monsieur, elle me plaît beaucoup.

— Montrez-moi une fenêtre. — Montrez-moi la porte de la maison. — Combien y a-t-il de fenêtres ?

— Il y a six fenêtres.

— Combien y a-t-il de portes ?

— Il n'y a qu'une seule porte.

— Où est le toit de la maison ?

— Il est en haut : le voici.

— Où est la cheminée ?

— La voici, au-dessus du toit.

— Montrez-moi le balcon. — Qu'y a-t-il sur le toit ?

— Sur le toit il y a des tuiles.

— Vous ne prononcez pas bien ce mot : recommencez-le. — Ouvrez la bouche pour mieux prononcer. — Quelle est la couleur des murs ?

— Les murs sont blancs.

— Quelle est la couleur des tuiles?

— Les tuiles sont rouges.

— Quelle est la couleur des fenêtres?

— Les fenêtres sont grises.

— C'est bien : allez à votre place. — Venez ici à votre tour. — Approchez-vous de ma table. — Comment s'appelle ceci? et cela? — Où sont les tuiles? — Sont-elles blanches?

— Non, Monsieur, elles sont rouges.

— Avec quoi les fait-on?

— Je sais, Monsieur, avec quoi on fait les tuiles, mais je ne connais pas le mot français.

— On fait les tuiles avec de l'argile.

— Qui bâtit les maisons?

— Le maçon bâtit les maisons.

— Qui fait les fenêtres et les portes?

— Le menuisier fait les portes et les fenêtres des maisons.

— Avec quoi ouvre-t-on et ferme-t-on les portes?

— On ouvre et on ferme les portes avec les clefs.

— Qui fait les clefs et les serrures?

— Le serrurier fait les clefs et les serrures.

— Avec quoi blanchit-on les murs?

— On blanchit les murs avec de la chaux.

— Qui peint les fenêtres et les portes?

— Le peintre peint les fenêtres et les portes.

— Avec quoi les peint-il?

— Il les peint avec des couleurs.

— Avec quoi fait-on les fenêtres et les portes?

— On fait les fenêtres et les portes avec du bois.

— Avec quoi fait-on les serrures et les clefs?

— On fait les serrures et les clefs avec du fer ou de l'acier.

— Avec quoi bâtit-on les maisons?

— On bâtit les maisons avec des pierres, du sable et de la chaux.

— Vous avez bien répondu : allez à votre place. — Vous allez répéter tous ensemble les phrases que je vais vous dire : ma maison est petite, mais elle est belle; ta maison est petite, mais elle est belle; etc. — Cette maison est à moi; cette maison est à toi; cette maison est à lui; etc. — Cette maison m'appartient; cette maison t'appartient; cette maison lui appartient; etc. — Voici la maison que j'ai achetée; voici la maison que tu as achetée; etc. — La maison que j'habite ne me plaît pas; la maison que tu habites ne te plaît pas; la maison qu'il habite ne lui plaît pas; les maisons que nous habitons ne nous plaisent pas; les maisons que vous habitez ne vous plaisent pas; les maisons qu'ils habitent ne leur plaisent pas. — J'ouvre la porte et je ferme la fenêtre; tu ouvres la porte et tu fermes la fenêtre; etc.

TABLE

Coulommiers. — Imp. PAUL BRODARD. — 770-1901.

Le Livre de Lecture courante de l'Écolier indigène (*Pays de langue arabe*), par MM. P. Bernard, directeur de l'École normale d'Alger, et A. Veller, directeur d'École principale d'indigènes. Un volume in-12, 260 *gravures*, cartonné. 1 50

Ce livre est le premier qui s'adresse aux élèves des écoles d'indigènes de l'Algérie. Il est exclusivement composé à leur usage et leur rendra de grands services. Les auteurs, deux hommes qui les connaissent bien, ont fait un choix parmi les leçons de choses les plus utiles et les leçons de morale les plus importantes. Ils se sont efforcés, à l'aide de nombreuses gravures ayant le plus souvent un caractère local, de rendre l'enseignement de la lecture très intuitif. Les maximes morales sont tirées du Coran.

Petite Histoire nationale (*Histoire et Civilisation*), à l'usage des Écoles primaires d'Algérie et de Tunisie, par M. Paul Ruff, ancien professeur au lycée d'Oran, professeur au lycée de Cherbourg. Un volume in-12, 121 *gravures*, cartonné.... 1 50

Les cours d'histoire généralement en usage dans nos Écoles primaires d'Algérie ont été composés à l'intention des jeunes Français de la métropole. Il semble pourtant qu'une méthode un peu différente doive être employée dans l'enseignement de notre histoire nationale aux enfants élevés dans nos colonies, Français ou étrangers, Européens ou indigènes. C'est cette méthode que présente M. Ruff, et il s'est efforcé d'apporter dans l'exécution de ce petit livre toute la clarté, toute la précision dont l'esprit des enfants a surtout besoin.

Histoire de la Tunisie, depuis les origines jusqu'à nos jours, par M. Gaston Loth, chargé de cours au lycée Carnot, à Tunis. Ouvrage publié sous les auspices du Gouvernement tunisien. Un volume in-12, cartonné........................ 2 25

Ouvrage couronné par l'Académie française.

En traçant le plan de cet ouvrage, le Directeur de l'Enseignement à Tunis a eu l'heureuse pensée de faire connaître dans ses grandes lignes l'histoire de ce sol tunisien où tant de peuples se sont donné rendez-vous et ont laissé des traces si profondes de leur activité et de leur civilisation. — L'auteur a su, tout en se mettant à la portée de ses jeunes lecteurs, tirer un excellent parti des richesses historiques dont il disposait.

L'Enseignement par l'Image : **Leçons de choses en 650 gravures**, par M. G. Colomb, ancien élève de l'École normale supérieure, docteur ès sciences, sous-directeur du Laboratoire de Botanique à la Faculté des Sciences de Paris. Un volume in-16, cartonné.. 1 »

Les pierres. — Les métaux. — L'eau et l'air. — Les matières alimentaires. — L'éclairage. — Le chauffage. — Les vêtements. — Les végétaux. Nos ennemis et nos alliés. — Les matières industrielles. — L'homme.

Coulommiers. — Imp. P. BRODARD.

COLLECTION ENFANTINE JEAN BEDEL

Lectures progressives. In-12, cartonné » 50
Grammaire. In-12, cart. » 50
Exercices français. In-12, cartonné » 50
Arithmétique. In-12, cart. » 50
Géographie. Oblong, cart. » 75
Leçons de Choses. In-12, cartonné » 50
Histoire de France. In-12, cartonné » 50
Rédaction. In-12, cartonné. » 50

GRAMMAIRE LARIVE ET FLEURY

L'Année préparatoire de Grammaire. In-12, cartonné » 60
Exercices français d'Année préparatoire. In-12, cartonné » 75
Dictées d'Année préparatoire » 75
L'Année préparatoire d'Étude des Mots. In-12, cartonné » 75
La Première année de Grammaire. In-12, cartonné » 75
Exercices de Première année » 75
Dictées de Première année » 90
La Première année d'Étude des Mots. In-12, cartonné 1 »
La Première année d'Analyse et de Composition. In-12, cartonné » 80
La Deuxième année de Grammaire. In-12, cartonné 1 25
Exercices de Deuxième année. 1 25
Dictées de Deuxième année » 75
La Troisième année de Grammaire. In-12, cartonné 1 80
Exercices de Troisième année. 2 »

ARITHMÉTIQUE P. LEYSSENNE

L'Année préparatoire d'Arithmétique. In-12, cartonné » 60
La Première année d'Arithmétique. In-12, cartonné » 80
Exercices et Problèmes de Première année. In-12, cartonné » 75
La Deuxième année d'Arithmétique. In-12, cartonné 1 70
Exercices et Problèmes de Deuxième année. In-12, cartonné » 80
La Troisième année d'Arithmétique : 1er SEMESTRE, cart. 1 75
— 2e SEMESTRE, cart. 1 75
Problèmes de Troisième année. In-12, cartonné 1 80
Traité d'Arithmétique. Br. 4 »
Solutions raisonnées des Exercices et Problèmes du *Traité d'Arithmétique.* In-18 jésus, broché 4 »

HISTOIRE ERNEST LAVISSE

Récits et Entretiens familiers sur l'Histoire de France. In-12, c. » 60
La Nouvelle Année préparatoire d'Histoire de France. In-12, c. » 60
La Nouvelle Première année d'Histoire de France. In-12, cart. 1 10
La Nouvelle Deuxième année d'Histoire de France et d'Histoire générale. In-12, cartonné 1 70
Histoire générale, cart. 1 »

GÉOGRAPHIES-ATLAS P. FONCIN

L'Année préparatoire de Géographie. Oblong, cartonné » 75
La Première année de Géographie. In-4°, cartonné 1 50
La Deuxième année de Géographie. In-4°, cartonné 4 25
La Troisième année de Géographie. In-4°, cartonné 6 50
Géographie générale. In-4° carré, 112 cartes et cartons, rel. toile. 12 »
Géographie historique. In-4°. 6 »

ENSEIGNEMENT SCIENTIFIQUE PAUL BERT

L'Année préparatoire d'Enseignement scientifique (Sciences naturelles et physiques). Cart. » 75
La Première année d'Enseignement scientifique. Cart. » 90
La Deuxième année d'Enseignement scientifique. Cart. 1 50

LEÇONS DE CHOSES COLOMB

Leçons de Choses en 650 gravures, par G. Colomb. Cart. 1 »

RÉCITATION J. BOITEL

La Récitation (*de 6 à 9 ans*), appliquée à l'Éducation. In-12, cart. » 75
La Récitation (*de 9 à 12 ans*), appliquée à l'Éducation. In-12, cart. 1 »

INSTRUCTION CIVIQUE LALOI

L'Année préparatoire d'Instruction morale et civique. In-12, cart. » 75
La Première année d'Instruction morale et civique In-12, cart. » 90

Paris. — Imp. E. Capiomont et Cie, rue de Seine, 57. (No 352)

www.ingramcontent.com/pod-product-compliance
Ingram Content Group UK Ltd.
Pitfield, Milton Keynes, MK11 3LW, UK
UKHW021100260726
13994UKWH00002B/618

9 782329 364636